Justice Theory

정의론

정의론

어떤 자유주의가 정의로운가

초판 1쇄 인쇄일 2025년 5월 9일   **초판 1쇄 발행일** 2025년 5월 15일

지은이 김유찬
펴낸이 박재환 | **편집** 유은재 · 신기원 | **마케팅** 박용민 | **관리** 조영란
펴낸곳 에코리브르 | **주소** 서울시 마포구 동교로15길 34 3층(04003) | **전화** 702-2530 | **팩스** 702-2532
이메일 ecolivres@hanmail.net | **블로그** http://blog.naver.com/ecolivres | **인스타그램** @ecolivres_official
출판등록 2001년 5월 7일 제2001-000092호
종이 세종페이퍼 | **인쇄 · 제본** 상지사 P&B

ISBN **978-89-6263-308-5** 03300

책값은 뒤표지에 있습니다.   잘못된 책은 구입한 곳에서 바꿔드립니다.

정의론

김유찬 지음

어떤 자유주의가 정의로운가

에코리브르

1980년대 어느 시기 롤스와 정의론에 대하여 알려준

Mrs. Seelmann을 기억하며.

책머리에

《정의란 무엇인가(What's the Right Thing to Do?)》라는 책이 한국 사회에서 선풍을 일으킨 지 십수 년이 흘렀다. 한국에서의 특별한 현상이었다고 한다. 한국 사회는 무엇에 목말랐을까. 많이 팔린 책임에도 불구하고 그 내용을 인용하고 있는 예는 드물다.

《정의란 무엇인가》의 저자 마이클 샌델(Michael Sandel)이 공동체주의자라는 게 한국 사회에서는 특별히 중요하지 않았을 것이다. 그의 주장이 '정의'가 '선'이나 '도덕'보다 우선한다는 존 롤스(John Rawls)의 생각에 대한 비판이라는 것도. 다만 그의 저서가 사람들이 사는 사회에서 '정의로움'의 의미와 규범적 기능을 읽기 쉽게 다루었기 때문에 주목을 끈 것이다.

2009년에 나온 샌델의 이 저서는 존 롤스의《정의론(A Theory of Justice)》에 대한 부연 설명이자 비판서다. 롤스는 1971년《정의론》을 출간했고, 그 내용이 세계 사회철학계를 강타했다. 샌

델은 공동체주의자로서 1982년에《자유주의와 정의의 한계(Lib-
eralism and the Limits of Justice)》를 통해 자유주의자 롤스의 저서
에 강한 비판을 제기한 적이 있다. 샌델의 2009년 저서《정의란
무엇인가》는 1982년의 책에서 제기한 강력한 비판으로부터 한
발 물러나 롤스의《정의론》논리에 대한 매 단계마다의 비판에
는 더 이상 의미를 부여하지 않았다. 그보다는 롤스의 정의론이
기여한 바를 설명하고, 동시에 공동체주의자로서 정의론에 대한
관점을 소개하면서 탁월한 대중서의 면모를 보여주었다.

롤스의《정의론》에 대해서는 샌델 같은 공동체주의자들뿐
아니라 로버트 노직(Robert Nozick) 같은 자유지상주의자들의 비
판이 있었다. 그리고 자유주의자이면서 저개발과 빈곤 문제를
깊이 탐구한 경제학자 아마르티아 센(Amartya Sen)도 의미 있는
비판을 제기했다. 이 비판들이 시기적으로 롤스의 저서 출간과
큰 차이를 두지 않고 이어졌기 때문에 롤스는 1993년에 새로운
저서《정치적 자유주의(Political Liberalism)》를 발간해 그러한 비
판을 일부 수용하고 자신의 이론을 방어하기 위한 추가적인 설
명을 제시하기도 했다.

이 책은 1971년 이후 1990~2000년대까지 이어졌던 '정의론'
과 '정의의 원칙'을 둘러싼 이러한 논의의 내용적 골격을 우리
독자들에게 제공하고자 한다. 각기 다른 정치사회적 사조와 맥

락에서 정의로움을 바라보는 내용들에 대해 전문가가 아닌 일반 독자들을 위해 약간의 설명을 부연했다.

이 책에서 소개하는《정의론》의 내용은 롤스의 정의론과 정의의 원칙을 중심에 두고 있다. 그의 1971년 저서《정의론》을 한가운데 두고 1958년의 논문〈공정성으로서의 정의(Justice as Fairness)〉와 1993년 저서《정치적 자유주의》를 참고했다. 샌델의 저서로는 1982년의《자유주의와 정의의 한계》와 한국에서 번역되어 널리 알려진 2009년의《정의란 무엇인가》를 참고했다. 노직의 저서로는 1974년의 대표작《무정부, 국가, 그리고 유토피아(Anarchy, State and Utopia)》를 참고했고, 센의 저서로는 1999년의《자유로서의 발전(Development as Freedom)》과 2010년의《정의의 개념(The Idea of Justice)》을 참고했다. 그리고 그리스, 로마, 중세의 철학자들이나 계몽주의 철학자들의 정의관에 대해서는 위키피디아의 '정의'와 '정의 이론' 그리고 개별 학자들의 논문 자료들을 많이 참고했다. 철학 분야의 설명은 내용이 좀더 풍성한 독일어 버전 위키피디아를 주로 참고했다.

왜 롤스의 정의론인가

롤스의 정의론은 사회 제도의 정의로움에 대한 체계적 접근으로서 의미를 가진다. 거의 유일한 체계적 접근이라고 볼 수 있다. 롤스는 그의 정의론에서 정의로움을 사회 제도의 첫 번째 미덕으로 규정했다. 그는 단순한 평등주의를 추구하지 않았고, 경제 활동에서 효율성이 갖는 의미를 소홀하게 보지 않았다. 사람들의 삶에서 가장 중요하다고 할 수 있는 자유에 대한 권리의 평등, 공정한 배분 원칙을 체계적으로 모색하고자 했으며 공공성의 가치를 중시했다. 경제 생활에서 공정과 효율의 가치를 잘 조합함으로써 사람들의 행위를 이끌어 모든 이들의 삶의 질 향상에 기여하고자 했으며, 다원주의적 사회에서 개인들의 결정을 존중했다.

시장자유주의는 개인이 부여받은 재산이나 재능에 따른 차별적인 사회의 보상을 정당한 것으로 여기는데, 이는 결과적으로 사람들이 향유하는 실질적 자유의 수준에 커다란 격차를 허용하게 된다. 롤스의 정의론은 개인의 재산이나 재능 또는 노력이 우연적·우발적인 것이기 때문에, 이 사회에서 중요한 역할을 수행하는 사회 제도가 그 우연이라는 것에 사람들의 삶의 문제를 전적으로 내맡겨둔 채 뒷전으로 물러앉아서는 안 된다고 주장한다.

롤스는 자신의 정의론을 'the theory'라고 하지 않고 'a theory'라고 했다. 그러나 그의 정의론이 많은 정의론 중에서 단지 하나의 이론에 불과한 것은 분명 아니다. 그는 자신의 정의론을 통해 현재까지도 주류 경제학에서 가장 큰 영향력을 발휘하는 공리주의적 사고방식에 명확한 한계를 긋고자 했다.

그의 정의론은 철학계와 정치학계에서 주로 논의되고 경제학계에서는 외면을 받고 있다. 하지만 그의 정의론은 경제사회 분야의 철학이다. 반박하기 어려운 논리와 근거를 바탕으로, 평등주의가 옳긴 해도 경제 주체들에게 유인을 제공해야 경제 발전이 가능하고 사회 구성원의 실질적인 자유를 확대할 수 있다고 주장한다. 따라서 불평등, 즉 차별적 보상은 사회 구성원의 경제 상황을 개선하는 경우에만 예외적으로 허용해야 한다는 정의론의 체계를 제시했다. 더 의미가 있는 것은 이러한 정의론과 정의의 원칙이 사회계약론적, 즉 자유주의적 접근을 통해 이루어졌다는 점이다.

롤스는《정의론》에서 정의로움(Justice)을 정의(Definition)했다. 정확하게는 정의로운 사회를 정의했다. 정의로움에 대한 개인들의 생각은 모두 다르며, 분배에 대한 정의로움은 개인들 모두가 자신이 처한 상황에서 판단하게 마련이다. 롤스는 '무지의 장막'이라는 독특한 설정을 통해 개인들이 자기가 처한 혹은 처하게 될 상황을 모르는, 그러나 사회의 일반적 상황과 작동 방식에 대해서는 충분한 지식을 갖춘 사회를 가정한다. 그러면서 이러한 상태에 있는 개인들이 모두 동의할 만한 정의의 원칙을 도출한다.

롤스의 《정의론》은 경제학의 이론적 측면을 설명하는 후생경제학, 미시경제학, 공공경제학을 경제학자들보다 더 깊이 이해하고 쓴 책이다. 그는 이 저서에서 자신의 논리를 설명하기 위해 지속적으로 누진 세율, 개인 소비세 등 조세 정책을 언급한다. 《정의론》의 내용은 도덕철학이지만 동시에 정치경제학을 다룬다. 공동체주의와의 관계에서 '선'과 '정의'에 대한 논쟁은 도덕적·철학적이라고 해도, 소득과 자산 분배에 관한 '차등의 원칙'은 경제학적 논쟁이다. 분배를 다루는 주류 경제학의 태도에 대한 비판인 것이다.

그의 정의 원칙은 자유주의적 사고 체계 위에 서 있는 규범적 경제학이다. 주류 경제학은 이를 애써 외면하고 있지만, 그렇다고 롤스 정의론의 논리적 정당성을 성공적으로 부정하지는 못한다.

어떤 자유주의가 정의로운가

우리는 모두 자유로운 삶을 원한다. 자유가 소중하다는 것을 알고, 그 가치에 높은 의미를 부여한다. 그런 의미에서 우리는 모두 자유주의자들이다. 그러나 자유의 개념을 정의하기는 쉽지 않다. 개인의 자유로움은 그가 속한 사회 내에서 실현되는 것이기 때문이다. 같이 살아가는 다른 사람들과의 관계에서 자유의 실체적 의미가 규정되므로 자유주의는 사회적 관계를 보는 시각에 따라 매우 다른 내용을 가진다.

자유롭다는 것은 일견 삶의 영역에서 외부적 강제가 존재하지 않는다는 것을 말한다. 자유의 다른 관점은 사회적 존재인 사람에게 자유의 실현이 합법적인 사회적 규범의 도움을 얻어야 비로소 가능하다는 것이다. 사회적 규범은 개인들의 자유가 침해되는 것을 막아주면서 자유의 향유를 비로소 가능하게끔 해준다. 국가나 법률이 이러한 사회적 규범에 해당한다.

자유에 대한 이 두 가지 관점은 공적인 토론의 장에서, 그리고 역사 속에서 경합하며 주도권을 다툰다. 자유라는 이름으로 국가는 개인들의 독자성을 제한하기도 하고(다른 이들의 자유가 침해받지 않도록), 또 자유의 추구가 사회적 안정을 해치기도 한다(다른 이들의 자유를 침해하며 본인의 자유를 추구하는 경우).

자유와 인권이라는 가치가 인간에게 보편적이며 필수 불가결하다는 것을 세상에 각인시킨 프랑스 대혁명에서 자유는 평등 그리고 박애와 함께 주창되었다. 개인의 자유는 사회 속에서 필연적으로 경합하므로 개인은 지고의 가치인 자유를 사람들 사이에서 평등하게 향유할 수 있어야 하며, 사회 속에서 같이 살아가는 사람들에 대한 동련의 감정, 즉 박애 정신을 바탕에 두어야 자유의 경합으로 사회가 파괴되지 않고 지속될 수 있다고 보았다. 이것이 자유주의의 본질이다. 자유의 개념에 대한 이러한 방식의 이해는 민주주의 발전의 토대로서 지금까지 강력하게 작용해왔다.

　　자유롭다는 것을 사람들에게 외부적 강제가 존재하지 않는다는 데에만 집중해 파악하려는 입장은 공론의 장에서 두각을 나타내지 못했지만 현실에서의 힘은 강했다. 자신이 물려받은 유산과 관련해 기업과 자산가들의 사회적 의무에 대한 방어적 태도와 이를 옹호하는 정치 세력은 어떤 시기에도 강력했다. 이들의 주장이 공론의 장에서도 강하게 드러난 것은 프리드리히 하이에크(Friedrich Hayek)나 로버트 노직 같은 자유지상주의 사회철학자들을 통해서였다.

　　하이에크는 법적 질서가 더 많은 자유를 보장할수록 사람들의 자기실현은 더 가능할 수 있다고 주장했다. 하이에크는 자유의 개념을 국가 강제력의 부존 상태로 정의했다. 노직의 기본 입장도 사회에 대해 국가 개입이 가능한 한 없어야 한다는 것이다. 인간의 자연적 권리인 삶과 자유와 소유권은 절대적으로 보장받아야 하며 사회로부터 제한되지 않아야 한다는 것이다.

자유주의의 이 분파는 개인의 초기 자본(상속 재산)에 대한 소유권을 인정하면서 기회 보장을 위한 국가의 재분배를 거부한다. 이들의 자유주의는 모든 이를 위한 자유주의가 아니다. 개인들의 자유 실현이 사회적 규범의 도움을 얻어서야 비로소 가능해진다는 것을 무시한다. 사회적 안정과 지속성을 해치고 다른 이들의 자유를 침해하며 본인의 자유를 추구하는 경우도 문제삼지 않는다. 이들의 자유주의는 부유하고 강한 자들을 위한 자유주의다. 이들은 모든 이를 위한 자유주의, 즉 평등주의적 자유주의(롤스)의 대척점에 있다.

도널드 트럼프의 등장은 강자들을 위한 자유주의의 새로운 국면을 보여준다. 트럼프는 미국을 위한 정책, 미국 제조업의 부활, 미국의 백인 서민층을 위한 정책을 표방하지만, 이는 선거제도를 통해 정권을 획득하기 위한 레토릭일 뿐이다. 본질적으로는 부자와 강자들을 위한 자유주의다. 부유한 이들이, 그리고 자신과 그 가족들이 더 부유해질 수 있도록 모든 족쇄(규제와 법질서 및 국가의 공적인 체계)를 해체하겠다는 것이다.

제2차 세계대전 이전 독일과 이탈리아에서 정권을 잡고 영국이나 미국에서도 만연했던 파시스트적 정치사상은 이런 강자들을 위한 자유주의의 다른 이름이다. 히틀러는 복지 정책을 시행하고 공공 투자를 통해 일자리도 만들었지만, 다른 나라를 수탈하기 위해 침략 전쟁을 일으키면서 비로소 경제를 활성화했고, 이 과정에서 국민의 고통을 바탕으로 재벌들에게 엄청난 특혜를 주었다. 선거를 통해 집권했지만 곧 민주주의를 파괴하고 권위주의적 통치 체제로 전환시켰다.

트럼프의 부유한 친구 일론 머스크(Elon Musk)와 트럼프의 전략가 스티브 배넌(Steve Bannon)의 잇단 구설은 우연이 아니다. 머스크가 자신이 소유한 소셜 미디어 X에서 페이크 뉴스를 의도적으로 방치하고, 페이스북 소유자 마크 주커버그(Mark Zuckerberg)가 트럼프 취임에 맞추어 가짜 뉴스를 체크하지 않겠다고 선언한 것도 마찬가지다. 한때 민주주의의 수호국, 지구상의 가장 강력한 나라였던 그 미국의 대통령과 팀원들의 사고가 파시스트적이라는 사실을 우리는 심각하게 받아들여야 한다. 거의 모든 강자들의 자유주의는 파시스트적 사고로 귀결된다. 이러한 자유주의는 가짜 자유주의다. 우리나라도 다르지 않아서 권력ー큰 권력이든 작은 권력이든ー을 쥔 자들의 행태는 자유주의자라기보다 권위주의자, 파시스트에 가깝다. 우리는 어둡고 어려운 시대를 살고 있다.

차례

01

서론

정의로움과 공평성에 대한 사람들의 요구와 관심은 매우 오래된
것이다. 국가가 성립되기 이전의 작은 공동체에서도 구성원들은
어떤 형태로든 공적인 부담을 나누었을 것이다. 정의와 공평성
은 늦어도 이때부터 사람들의 관심에서 중심적 위치를 차지했을
것이다. 250여 년 전 애덤 스미스(Adam Smith)가 말한 바람직한
조세의 조건은 여전히 유효하며 자주 인용되고 있다. 그런데 스
미스는 이 바람직한 조세의 조건 네 가지를 설명하며 공평성을
언급하면서도, 오늘날 사람들이 중요하게 여기는 효율성은 도외
시한다.[1] 공적인 논의의 장에서는 공평성 문제가 다른 무엇보다
강력하게 부각되고, 그로 인해 과세의 적절함을 판단하는 그 밖

의 다른 기준은 파묻혀버리는 경우가 많다.

정의로움의 대상

정의(Justice), 정의로움, 올바름은 정의하기 쉽지 않은 추상적 개
념이다. 공정성(Fairness), 공평성, 형평성의 개념과 혼용해 쓰이
기도 한다. 우선 정의로울 수 있는 대상(Object)은 무엇일까. 인
간의 사상? 인간의 행위, 혹은 특정한 문제 해결 방식? 혹은 사
회적 제도(법, 규칙)나 기관? 철학적 사고를 시작할 무렵 사람들
은 정의로움, 올바름을 각 개인의 특성으로, 도덕적인 것으로 파
악했다. 혹은 정의로움을 신의 의지에서 비롯된 것(예를 들어 십계
명)으로 보는 경향도 존재했다. 이러한 시각에서 정의로움, 혹은
올바르다고 여겨지는 행위는 대체로 자연의 법칙처럼 명백하게
드러나는 성격의 것이었다. 그러나 사람들은 언제부터인가 정의
의 개념을 개인들 사이의 갈등을 조정하는 제도적 관계에 대한
판단 기준으로 파악하기 시작했다.

사회 구성원과 정부의 행위를 규율하는 원칙으로서 정의론

사회적 존재로서 인간을 전제로 정의를 말한다면, 사회에서 사람들의 삶에 중요한 역할을 하는 수많은 법이나 제도 등에 내재한 특정 규칙이나 제도의 작동 및 운영 방식 같은 것은 정의로움의 객체, 즉 정의로움을 담을 수 있는 대상이다. 인간의 사상은 제도로 표현되는 어떤 식의 문제 해결 방식을 도출해내는 배경이 되는 사고의 방향이라고 볼 수 있을 것이다. '법, 규칙, 제도' 등은 당연하게 사회를 전제로 하므로 그냥 단순하게 제도라고 말해도 좋다. 따라서 모두 정의로움을 판단하는 객체가 될 수 있다.

　정부나 공공 기관 그리고 그 행위는 법적인 기반과 공공성 위에 존재하는 것이다. 공공의 이익이 근본적인 기준이 되는데, 이 공공의 이익은 사회적 제도의 정의로움에 매우 근접한 개념이라고 볼 수 있다. 예를 들어, 정부의 조세 재정 정책에서도 정의로움이라는 기준은 매우 중요한 행동 규범이 될 수밖에 없다. 어떤 구체적 내용을 담고 있는 세법안이나 재정 지출 행위의 정당성을 판단하는 것은 꼭 필요한 일이기에 매우 자연스럽기조차 하다.

정의론의 내용은 조세가 아닌 모든 사회 영역의 법이나 제도에 적용할 수 있는 것이라는 점은 그러나 두말할 필요가 없다. 사회적 제도가 정의로움을 담을 수 있는 것은 사회를 전제로 한다. 사회를 지역 또는 분야별로 볼 수도 있으나 경제의 관점에서, 혹은 경제 정책의 관점에서 국가로 등치한다면 정의도 이와 관련해 국민경제의 측면에서 고찰하는 것이 유용하다. 국민경제를 바람직한 방향으로 이끌고자 하는 것이 경제 정책이라면, 정의로움을 경제 정책의 궁극적 목적과 연관 지어 고찰하는 것도 자연스럽다.

경제 정책의 목적을 생각해본다면, 이러한 목적 지향적 행위의 최종 귀착지로 공공의 이익을 전제해야 할 것이다. 이를 공동선(Common Good)이라고 부를 수도 있겠다. 물론 경제 정책의 중간 목표는 경제 성장, 경기 안정, 낮은 실업률 등이 될 수 있다. 그러나 이러한 중간 목표를 두고 이루고자 하는 행위가 궁극적으로 추구하는 것이 무엇인지를 생각해보면, 사회의 공동선이라는 막연하고 추상적인 개념을 전제하지 않고는 설명하기 어렵다. 국가의 행위, 즉 정책은 공동선을 추구하며, 공동선이란 공동체나 국가 전체적으로 좋은 것을 말한다. 문제는 이러한 궁극적 목표는 현실에서 구체적 정책 행위의 기준으로 사용하기가 적절하지 않다는 데 있다. 예를 들어, 박근혜 정부의 줄푸세(세금은 줄이고, 규제는 풀고, 법과 질서는 세우자'의 줄임말) 정책, 문재인 정부의 코로나19 시기 재정 확대 및 정부 부채 증가, 윤석열 정부의 감세, 그리고 재정 준칙 요구 등이 필요했거나 정의로웠나 하는 것을 직접적으로 공동선의 개념에 비추어 판단하기는 힘들다는 것이다.

그 때문에 구체적인 국가의 정책이 그 목표의 추구에 도움이 되는지를 판단하기 위해 하위적 목표를 설정해야 한다. 이 하위적 목표는 그러나 위에서 이미 언급한 경제 성장, 경기 안정, 낮은 실업률 등의 중간적 정책 목적에 비해서는 상위의 개념이다. 공동선 바로 아래에 있는 하위 개념의 목표로는 가능한 범위 내에서 충분한 기초재의 제공, 자유, 평등성 등을 들 수 있다. 이는 많은 사람에게서 공동선을 구체화하는 내용으로서 인정받는 것이다.[2]

충분한 기초재의 제공

기초재란 사회에서 의식주 등의 기초적 수요를 충족시켜줄 수 있는 재화나 교육, 요양, 보육 등 사람들에게 필요한 기초적인 서비스라고 말할 수 있겠다.[3] 이러한 기초적인 재화를 사회 자원의 한계 속에서 가능한 한 충분하게 제공하는 것을 말한다. 재화 제공이란 개념은 이때 넓게 해석해야 한다. 효용을 주는 바람직한 재화의 제공만을 생각할 것이 아니라, 부정적 효용이나 해로움을 제거하고 극복하기 위해 한정된 자원을 사용하는 것도, 그리고 기회비용을 가지는 노동력을 투입하는 것도 같이 고려해야 한다. 여기서 말하는 재화란 물리적 재화는 물론 경제 주체들이 원하고 만족을 느끼는 문학이나 미술품, 음악 연주 같은 비물질적 재화도 당연히 포함된다.

재화의 충분한 제공을 높은 국내총생산(GDP) 수준과 등치시켜서는 안 된다. GDP의 경우, 예를 들어 공해 물질의 생산조차 통계적으로 포함하는 개념이기 때문이다. 개인들의 선호도를 파악한다면, 이를 재화 제공의 개념에 반영하는 것도 가능할 수 있다. 전통적 경제학에서는 기초재와 다른 재화를 구별하지 않고 모든 재화가 각각의 개인이 누리는 효용의 합을 최대화시켜주는 것을 사회적인 최적의 자원 배분 상황이라고 보는 한계가 있다.

자유

자유의 개념은 소극적 자유와 적극적 자유로 구분할 수 있다.

예를 들어, 여행의 자유가 소극적 자유라면 어떤 사람이 여행을 재정적으로 감내할 수 있는 물질적 수단을 소유하는 것은 적극적 자유다. 적극적 자유의 개념에서 한 사람의 자유는 자신이 원하는 바를 이룰 수 있는 정도와 원하지 않는 바를 거부할 수 있는 정도에 따라 더 자유롭다. 그 때문에 자유는 사회적 강제나 금지에 따라 제한될 뿐 아니라, 실질 소득에 의해서도 크게 좌우된다.

적극적 자유의 측면은 다른 중요한 사회적 가치인 기초재의 제공이라는 관점에서 부분적으로 반영될 수 있다고 보고 소극적 자유의 개념에 국한해 생각하면, 자유는 다음의 두 가지 기준으로 평가할 수 있다. 하나는 모든 이들이 자신의 입장에서 스스로 결정할 수 있는 영역이 가능한 한 넓어야 한다는 것이다. 다른 하나는 그러나 사회에서 한 사람의 결정은 보통 다른 사람에게도 중요한 영향을 미치는 경우가 많으므로, 당사자 이외에 다른 사람에게도 영향을 미치는 이러한 결정에 대해서는 공동 결정권을 행사하는 것이 중요하다(공화주의적/평등주의적 자유주의)는 점이다.

평등

평등, 공정성, 공평성, 형평성 그리고 정의라는 개념은 혼용되는 경우도 많다. 그중에서 정의의 개념이 가장 다양하게 해석되는 편이지만, 공평성의 의미로 쓰이는 경우가 많다.

평등 혹은 공정성, 공평성, 정의로움은 국가와 사회가 구성원에게 보장하려는 중요한 목표로서 자유 및 기초재와 병행하는 별도의 가치이기도 하지만, 동시에 기초재나 자유를 사람들에게 어떻게 배분하느냐의 문제를 다루는 것이기도 하다. 사람들이 누리는 적극적인 자유 수준이 사회 구성원이 향유하는 기초재 수준과 많은 부분 일치하기도 하는 것처럼, 이들의 관계는 단순하지 않다.

공평성에 대해서는 대체로 사람들 사이에 다음과 같은 합의가 존재한다고 본다. 우선 같은 조건에 처해 있는 모든 사람을 동등하게 대우(예를 들어, 과세적으로)하고, 같은 권리를 부여하는 게 공평한 것이다. 다음으로 가능한 범위 내에서 기회를 균등하게 만들어야 한다. 즉, 태생적으로 불리한 사람은 지원을 받아야 한다.

그러나 같은 대우, 같은 권리 부여, 혹은 같은 기회 보장 등의 개념도 조금 더 구별해보면 매우 다양하고 사람들 사이에 합의된 정의를 찾는 것이 매우 어렵다. 출발선상의 공평성, 절차의 공평성, 합리적 기대에 대한 공평성, 분배 결과의 공평성 등 다양한 측면을 포함하고 있기 때문이다.[4]

같은 대우를 제공한다는 원칙 자체에는 이견을 달기 힘들다 하더라도, 같은 조건에 대한 해석은 재화와 소득 분배의 측면에서 구체적인 상황에 따라 크게 달라질 수 있다. 필요적 공평성 개념에 입각하면, 예를 들어 식구가 많은 가계나 체구가 큰 사람은 (식품에 대해) 더 많은 권리를 가져야 한다. 그리고 성과적 공평성에 따른다면, 응능 부담의 원칙처럼 소득(즉, 시장에서의 경제활동 결과의 총합)이 같은 사람에게는 같게, 다른 사람에게는 다르게 과세해야 한다.[5] 다른 한편 기여적 공평성 개념에서 보면 같은 소득을 시장에서 확보했다고 하더라도 근로 소득과 투기 소득을 다르게 볼 수 있다. 투기 소득을 기여에 대한 대가로 보지 않고 운에 따른 대가로 본다면, 상대적으로 높은 세율로 과세할 수도 있는 것이다.

가치들 사이의 충돌

현실에서 이 가치들을 실현하는 과정은 동시적으로 높은 수준의 성과를 거두기 어려운 경우가 많다. 한 가지 가치를 높은 수준으로 실현하는 것은 다른 가치의 실현에 방해가 되는 일이 흔하다. 예를 들어 높은 수준의 공평성 가치 실현을 정의로움이라고 볼 때, 이는 경제적 기여의 유인을 떨어뜨리고, 이에 따라 재화의 제공 수준을 낮추게 되는 경우가 있다. 물론 현실에서 공평성의 지나친 훼손이 경제의 효율성 수준을 낮추는 일도 가능하다. 한국 경제의 현재 상황은 오히려 이 후자에 가깝다고 볼 수 있다.[6] 공평성의 심각한 훼손은 구성원들의 상호 신뢰라는 중요한 사회적 자본의 파괴를 의미하며, 이는 통상 높은 사회적 비용을 유발하기 때문이다.

정의론과 시장 경제

정의론의 문제는 경제학의 기본적 상황과 같은 지점에서 출발한다고 볼 수 있다. 두 가지 모두 바로 자원의 유한성이 야기하는 제약에서 비롯되기 때문이다. 사람들은 기본적으로 소비적 능력과 생산적 능력을 갖는다. 이를 통해 각자의 상황에서 재화를 만들어내고, 이로부터 효용을 누리는 것이다.

사람들은 생산적 능력을 발휘해 재화를 만들어내는데, 중요한 것은 이 과정에서 개인의 성과가 주변 사람들의 행위와 결정에 크게 좌우된다는 것이다. 이러한 상호 작용을 통해 자원의 유한성이란 제약하에서도 더 나은 재화의 제공이 가능해진다. 애덤 스미스가 국부론에서 강조한 분업의 효율성이 이를 잘 설명하고 있다. 이러한 상호 작용 과정에서 만들어진 성과는 참여한 모든 이에게 귀속되는 것이나, 개개인이 어느 정도로 이 성과를 만들어내는 과정에 기여했는지 파악하기는 쉽지 않다.

어느 개발도상국에서 선진국으로 유학해 생명공학을 전공한 한 과학자가 높은 수준의 과학적 지식을 습득했다. 그런데 이 과학자가 자신이 태어난 나라로 돌아가면, 과학적/산업적 기반이 미약한 현지 상황에서 그의 지식이 고스란히 사장되는 상황이라고 하자. 반면 그가 유학한 선진국에 머물면, 높은 수준의 산업적 부가가치를 창출할 수 있다고 하자. 어디에 거주하든 이 학자의 능력에는 본질적 차이가 없음에도, 그 사람의 생산성은 두 나라에서 매우 큰 차이를 보이게 된다. 과학자가 선진국을 택한다면, 그가 그 선진 사회의 다른 이들과 공동으로 창출한 부가가치 중 과연 얼마만큼이 그에게 귀속될까?

시장주의자들의 답변은 비교적 간단하다. 사회는 그 과학자에게 급여(혹은 보너스, 특허권, 스톡옵션 등)를 지불했으므로 그가 얻은 시장 소득이 그런 기여에 대한 대가이며 동시에 기여의 지표라는 것이다. 그러면 다시 문제는 시장 가격이 공정한가, 혹은 정의로운가 하는 것으로 옮겨간다. 시장 가격이 자원의 상대적 희소성(즉, 수요와 공급의 관계)을 반영한다는 점은 명확하다. 사람이 자신의 자원을 비싼 가격으로 팔 위치에 있을 수 있다는 것이 전적으로 그의 능력이나 기여에 따른 것인가, 혹은 그 외에 다른 요인이 작용하느냐의 질문에 대해서는 아무래도 후자의 대답을 선택하지 않을 수 없다. 사람이 가진 지식은 유한하고 사회의 구조적 변화(과학적 기술이나 생산 방식의 변화 등을 포함해)를 미리 정확하게 예측하기는 불가능하다. 사회의 구조적 변화에 의해 인간이 습득한 특정한 직업이나 전공·기술 등에 대한 수요와 공급이 크게 변하고, 이에 따라 인간이 가진 자원의 상대적 희소성도 크게 달라진다. 결과적으로 이에 대한 보상인 시장 가격도 큰 차이를 보인다.

그 외에도 환경 파괴 문제, 국제화로 인한 저임금 문제 등 자원의 상대적 희소성에 의해 결정되는 시장 가격에 모든 것을 맡겨서는 국민경제에서 자원의 효율적 배분 문제가 해결되지 않는 여러 가지 다른 측면 또한 존재한다. 또 사람들이 필요로 하는 재화 중 많은 부분은 공공재 영역에 속하고, 이 공공재 영역은 시장 가격으로 다룰 수 없는 분야다.

시장에서 형성된 가격 구조나 보상을 그대로 수용하는 것은 개인의 기여와 연관성이 부족하기 때문에 공정한, 혹은 정의로운 분배와는 거리가 멀다. 무엇이 개인들 간의 올바르고 공정한 재화(혹은 소득) 배분이냐에 대답하지 못하는 경제학(국가의 경제 활동에 대한 이론)은 불완전하다. 이에 대한 대답은 또한 올바르고 공정한 것에 대한 기준이 있어야 가능할 것이다. 이 기준이 있어야 재화나 권리 그리고 기회가 개인들 간에 배분되는 특정한 방식이 다른 방식보다 더 공정하고 정의롭다는 판단이 가능해진다. 정의론은 결국 이 같은 기준을 제시하고자 하는 것이다. 이러한 정의론적 접근에서는 재화나 권리 그리고 기회의 개인들 간 배분이 실제로 어떻게 이루어지느냐의 관점보다는 어떻게 하는 것이 바람직한가의 규범적 접근이 일반적이다. 가치에 대한 규범적 접근이 이루어지는 정의론에서, 경제와 사회에 관해 사조별로 커다란 시각차가 존재하는 것은 당연하다.

정의론의 다른 갈래: 정의, 법, 강제력, 합법성의 관계에 대한 고찰

정의론이 사회철학의 가장 뜨거운 부분인 분배 문제, 공평성과 효율성 문제를 중심으로 논의되면서 어느 시기에 정의론은 한 갈래의 논의 흐름을 둘로 나누어 다루게 되었다. 법의 정의를 중심으로 그 강제력과 합법성에 대한 고찰이 그것이다. 오랜 기간 정의론 철학자들은 두 갈래의 흐름을 구분하지 않았으나 점차 관심사에 따라 그들의 논의는 두 영역으로 나뉘었다.

정의론의 다른 갈래 흐름을 이끌어간 철학자는 발터 벤야민 (Walter Benjamin), 자크 데리다(Jacques Derrida), 위르겐 하버마스(Jurgen Habermas) 같은 학자들로, 특히 하버마스의 숙의 이론 (Discourse Theory)은 민주주의 이론과 사법 제도 영역에 큰 영향을 남겼다. 사회에서 강제력을 수반하는 법은 정의로움을 실현해야 하며, 이때 정의는 분배의 정의, 즉 공정성으로도 해석할 수 있는, 어떻게 분배해야 정의로운가 같은 협의의 정의가 아니라 형법·사법·헌법 등 모든 법 영역의 정의로움을 포함하는 광의의 개념이다. 즉, 일반적인 의미에서 법의 정의로움을 말한다.

여기서는 정의론의 이러한 갈래에 대해서는 다루지 않고 분배 문제, 공평성과 효율성 문제를 중심으로 논의된 협의의 정의론만을 다룬다.

롤스의 정의론과 차등의 원칙

롤스의 정의론은 평등주의적 자유주의로 불린다. 롤스에게 불평등은 차등의 원칙에 의해서만 정당화된다. 불평등이 열악한 처지에 있는 사람의 상황을 개선하는 방향으로 작용하는 경우에만 허용된다는 것이다. 자신이 원하든 원하지 않든 자연이나 태생으로부터 재능을 부여받은 사람은 경제 활동의 좋은 결과가 사회의 모든 구성원에게 나누어지고, 열악한 사람의 상황이 개선되도록 자신의 재능을 행사해야 한다는 것이다. 누구도 자신의 자연적인 재능이나 사회가 제공한 출발선상의 유리한 상황을 스스로의 노력으로 얻은 것은 아니기 때문이다.[7]

롤스는 불리한 처지에 있는 사람들의 여건을 개선하는 방향으로의 분배 정책을 시행하는 사회 보장 국가를 지지한다. 그는 또한 다음 세대를 위한 보장을 제공하는 국가 정책의 필요성을 언급했는데, 환경 윤리나 세대 간 공정성 개념은 그에게서 비롯되는 부분이 있다.

정의론 논의의 중심에는 항상 롤스의 정의론이 위치해 있다. 롤스는 칸트의 이성법적·사회계약론적 사고와 모든 이들의 '평등한 자유'라는 이상의 추구에서 더 발전시켜 정의론을 정립된 체계로서 제시했다. 롤스의 정의론은 사회 제도의 정의로움에 대한 거의 유일한 체계적 접근이다. 그동안 존재했던 다른 모든 학자와 사조들의 정의론과 정의로움에 대한 개념은 작동할 수 없는 맹점을 내포하거나, 롤스의 정의론에 대해 유효할 수 있는 비판적 관점을 제시하면서도 스스로의 체계는 갖추지 못했기 때문이다.

02

그리스, 로마, 중세 철학자들의 정의론[1]

근대에 이르기 전 사람들은 정의로움을 개인의 도덕적 특성으로 파악했다. 혹은 신의 의지에서 비롯된 것으로 보기도 했다. 근대 이후에는 정의의 개념을 사람들 사이의 관계에서 갈등을 규율하는 제도적 관계로 파악하기 시작했다. 국가의 행위, 예를 들어 조세 부과 같은 행위의 바탕에는 정의로움이 있다.

고대 그리스 철학자들의 정의론

정의로움의 본성에 대한 철학적 논의는 고대 그리스 시기부터 이미 이루어졌다. 초기의 논의에서 정의로움은 자연에 내재한 질서이거나 신에게서 그 근원을 찾을 수 있는 것으로 이해되었다. 정의로움을 규범화할 수 있는 무엇인가로 파악하기보다는 개개인의 삶의 태도 정도로 보았다. 소크라테스도, 플라톤이나 아리스토텔레스도 모두 행복을 사람이 추구할 최고의 가치로 여겼고, 정의를 여기에 이르기 위한 가장 적절한 미덕으로 생각했다.

소크라테스의 글은 남아 있지 않으나 플라톤 같은 제자들이 전하는 바에 따르면, 소크라테스에게 정의로움은 거의 가장 중요한 윤리적 논제였다고 한다. 소크라테스는 올바른 행동을 그가 행복과 동치시킨 '선'의 전제 조건으로 보았다.[2] 이는 개인에게뿐만 아니라 민주적 폴리스, 즉 법에 입각해 자유 시민들이 만든 정치 공동체에도 적용되는 것으로 보았다. 소크라테스에게 올바른 행동은 올바른 생각의 결과이고, 올바르지 않은 행동을 하는 자는 스스로를 해치는 자였다. 스스로의 무지를 알아야 하며 절대적인 지식 수준은 인간에게 도달 불가능하다. 하지만 그럼에도 불구하고 자유 시민은 지식을 위해 노력해야 하고, 자신에 대한 깊은 인식은 '선'의 기본, 무엇보다도 올바른 행동에 접근하는 것이다.

플라톤의 정의론을 논하기 이전에 동시대 여러 소피스트의 정의 개념을 살펴보는 것도 흥미롭다. 트라시마코스(Thrasymachos)

는 정의를, 그것을 통해 국가의 규정을 확정하고 힘 있는 자들의 이익을 실현하는 도구로 보았다. 이름이 알려지지 않은 한 소피스트는 정의를 모든 참여자에게 제일 좋은 것으로 여겨지는 합의로 정리했다. 프로타고라스(Protagoras)에 따르면, 다른 이들에 대한 존중과 정의감은 제우스가 사람들에게 그들의 부족한 본성을 보완해주기 위해 제공한 것이었다.

플라톤은 대수학적 정의와 기하학적 정의를 구별했는데, 자유·선거권·의원에 대한 보상액의 동등한 배분이 대수학적 정의라면, 이것들이 어떤 국가의 조직에 필수적인 수직적 상하 구조에 적절하게 배분되는 것을 기하학적 정의라고 보았다.

플라톤은 자신의 저작 《폴리테이아(Politeia)》에서 동시대에 벌어진 정의에 대한 격렬한 논쟁을 배경으로, 정의는 개인의 정신적 능력이라는 독특한 견해를 제시했다. 눈이나 귀가 사람의 육신의 일부로서 시각과 청각 기능을 가지는 것처럼 정의는 개인의 정신적 기능이라는 것이다. 따라서 정의는 자신에게 속하는 일을 행하고 그렇지 않은 일은 행하지 않는 것이다. 자신의 일에는 국가나 공동체를 위하는 일도 속한다고 보았다. 다른 이들에게 속한 일에 관여하는 것은 옳지 않다고 여겼다.

플라톤에게 사람의 정신적 미덕은 신중함·용감함·현명함의 세 가지인데, 이 세 가지 미덕을 잘 사용하기 위해 필요한 네 번째 미덕이 정의로움이라는 것이다. 결과적으로 가장 중요한 미덕이라는 의미로 이해된다. 소크라테스와 마찬가지로 플라톤도 정의로운 자가 정의롭지 못한 자보다 더 높은 수준의 행복을 누린다고 보았다. 플라톤에게 정의로움은 영원히 변화하지 않는, 정신이 그 귀착점을 가지는, 세상보다 높은 곳에 존재하는 이데아(Idea)인 것이다.

국가도 정의로움을 통해 통치해야 하는데, 플라톤은 개인의 정의로움에 대한 그의 사고 구조를 이상적인 정의로운 국가의 모형에 연결시켰다. 이상적인 국가는 정의로움의 실현을 통해 시민들에게 좋은 삶의 전제 조건을 마련하는 것으로 보았다. 사람이나 우주에 적용할 수 있는 것처럼 이상적인 국가에서도 조화로운 전체로서 개별 시민은 공동의 번영을 위해 기여해야 한다.

플라톤은 국가의 발전과 함께 누구도 자급자족할 수 없으므로 노동의 분업이 필요한데, 이는 시민들의 차별적 재능과 각각의 다른 환경을 감안해 이루어져야 한다고 보았다. 국가에는 세 가지 등급의 시민이 존재하는데, 각기 다른 능력과 수준을 가진다는 것이다. 정의로운 국가에서 이들은 서로 다른 기능을 수행한다. 농부나 기술자·상인은 자신의 직업에서 신중함의 미덕을 발휘해 생업에 종사해야 하며, 군인은 용감함의 미덕으로 전쟁에 임하고, 철학자는 현명함의 미덕으로 국가를 이끌어가야 한다고 보았다.

아리스토텔레스에게 모든 인간의 행위 목적은 좋은 삶에서 실현되는 행복이다. 미덕을 연마하는 것은 본질적으로 이러한 목적을 이루기 위한 것이다. 인간이 여느 생명체와 다른 것은 이성적인 능력에 있고, 감성이나 욕구도 갖고 있으나 이는 이성에 의해 제어될 수 있다고 보았다. 행복에 도달하려면 인간은 이 이성적 능력을 아주 잘 활용해야 한다는 것이다.

아리스토텔레스는 정의로움을 미덕의 완전한 표현으로 보았다. 정의로움을 개인의 미덕으로서뿐만 아니라 동료 시민과의 관계에서 파악했으며 가장 높은 수준의 포괄적 미덕으로 여겼다. 법을 어기거나 법 위에 군림하는 것, 만족하지 못하는 것, 그에 속한 이상의 것, 다른 사람보다 많은 것을 요구하는 걸 정의롭지 못하다고 보았다. 아리스토텔레스는 그러나 플라톤과 달리 추상적인, 최종적으로는 도달 불가능한 이데아로서보다는 정의로움을 보다 인간적인 것으로 파악했다. 정의로움은 사람들의 구체적이고 현실적인 관계 속에서 이루어지는 것으로, 이를 정의로움의 본질적 요소로 보았다.

아리스토텔레스는 정의로움을 분배에서의 정의로움과 거래에서의 정의로움으로 구분했다. 분배에서의 정의로움은 명예·돈·관직과 관련된 것으로, 이러한 것들의 분배는 개인의 공헌에 따라야 하며, 사람들 간에 동등하게 분배하지 않아도 된다고 보았다. 아리스토텔레스는 이 같은 분배 정의를 기하학적 정의로 분류했다. 이러한 기하학적 정의로움에는 공동체 폴리스가 자유 시민에게 공동체에 공헌해주기를 요구하는 내용에도 적용된다고 보았다. 거래에서의 정의로움은 경제 생활에서의 자발적·동가치적 교환 거래와 형법에서의 비자발적·교정적 거래를 구분했다. 거래의 정의로움은 산술적 방식으로 이루어지는데, 교환이나 거래되는 대가 또는 피해 보상 등이 동등해야 한다는 것이다. 누군가가 더 많이 받기를 원한다면, 그걸 정의롭지 못한 것으로 보았다.

아리스토텔레스는 그의 정치철학을 자신의 윤리관에서 도출했다. 공동체의 가장 넓은 형태로서 국가는 가장 높은 수준의 선으로 시민의 행복을 위한 여건을 추구해야 한다는 것이다. 이러한 관점에서 아리스토텔레스는 "잘 갖추어진 국가의 형식(the best state form)"이 필요하다고 보았다. 잘 갖추어진 국가의 형식이란 그 안에서 자유롭고 동등한 시민이 서로 돌아가면서 통치하고 통치받는 나라를 의미했다. 국가의 형식이란 현대의 의미로는 어떠한 헌법이 가장 훌륭한 헌법인가라는 질문과 같다고 볼 수 있을 것이다.

철학자들이 다스리는 나라를 이상적으로 파악한 플라톤과

달리 아리스토텔레스는 시민이 참여하는 민주적인 지배 형태를 추구했다. 그러나 당시 그리스의 민주주의는 시민(부르주아)만이 참여하는 정치 체제였다. 여자, 아이, 노예 그리고 외국인은 시민이 될 수 없었다. 시민은 근로를 통해 생업을 영위하지 않았다. 즉, 임금 노동자와 수공업자는 시민 계급에 속하지 못했다. 아리스토텔레스는 또한 노예제를 정당한 것으로 여겼다. 그는 노예에 적합한 정도의 이성적 능력을 갖고 태어나는 사람들에게는 노예로서 생활이 더 유리하고 행복할 수 있다고 보았다.

국가의 지배 형태는 법적인 기반 위에 있는 것인데, 법은 잘못 적용되는 경우도 있다. 아리스토텔레스는 법은 일반화된 규정이므로 구체적인 상황에서는 정의롭지 못한 결과를 도출할 수도 있다고 보았다. 그렇기 때문에 법은 적용 과정에서 예를 들어 '선의의 해석' 등으로 보완할 필요가 있고, 이를 통해 정의의 실현이 더 포괄적으로 이루어질 수 있다고 생각했다.

정의론을 논한 그리스 철학자 중 흥미로운 또 한 사람은 에피쿠로스학파의 창시자 에피쿠로스다. 개인의 행복을 중시한다는 점에서 그는 플라톤이나 아리스토텔레스 등 당시의 그리스 철학자들과 같으면서도 행복에 이르는 방식에 대해서는 매우 다른 논점을 제시했다. 에피쿠로스는 자기만족의 극대화를 위해 특정한 형태의 절제를 추구했는데, 이는 그가 인간의 영혼은 죽음 이후 소멸한다고 보았기 때문이다. 영생이 존재하지 않으므로 살아 있는 동안에 완성되는 심적 안정을 추구한 것이다. 에피쿠로스는 매일, 매 순간 삶의 지속적 기쁨을 추구했고(Carpe Diem) 마음의 평화를 해치는 모든 종류의 방해를 피했다. 에피쿠로스는 사람들이 신에 대한 경외심과 죽음으로부터의 공포에서 벗어나기를 바랐다.

그에게 정의는 사람들 간의 합의에 있었다. 정의로움이 그 자체로 의미가 있다고 보지 않았다. 정의로움은 사람들 간의 교류에서, 각각의 지역에서, 서로를 해치거나 해침을 당하지 않도록 계약적으로 도출되는 것으로 파악했다. 그러한 계약적인 기반이 없다면 정의나 불의는 존재하지 않는 것으로 보았다.

준법성은 전적으로 그걸 위배하는 게 적발될 위험이 얼마나 되는지에 따라 생기는 것이며, 이에 대한 시민들의 합의는 전적으로 사회적 효용에 따른다는 것이다. 법이란 구성원의 상호 관계에서 어떤 효용을 제공하는 것이라는 점은 어느 공동체에도 적용되는 공통점이다. 어떤 나라의 구체적 상황과 특별한 여건에 따라서는 모든 규정을 똑같이 준수해야 하는 것은 아니라고 여겼다. 이러한 의미에서 에피쿠로스는 공리주의, 윤리적 상대주의, 사회계약론의 초기적 주창자로 평가할 수 있다.

로마와 중세 철학자들의 정의론

로마 시기에는 여전히 개인의 태도와 연결시켜서 생각하는 측면이 강했지만, 사회 제도와 사회를 평가하는 규범으로서 정의로움의 성격이 천천히 자리 잡기 시작했다. 또 고대 그리스 후기부터 중세 후기까지는 기독교적 영향력이 논의를 지배했다. 기독교적 영향력하에서 정의로움은 신의 영역에 속하는 것이며, 인간의 정의로움은 신의 은총을 통해 비로소 도달 가능한 것이었다.

로마의 정치가이자 철학자 키케로는 정의로움을 이성에 기반한 사람들의 행위로서 파악했다. 그리고 정의로움을 인간들의 상호 의존성과 공동체성 유지를 위해 가장 적절한 덕으로 파악하며 이를 선(Goodness)과 연결시켰다. 그는 '정의'의 첫 번째 과제로서 불의를 막기 위한 것이 아니라면 누구도 다른 이를 해쳐서는 안 된다고 강조했다. 또 공동 소유물은 공동 소유물로, 개인 소유물은 자신의 것으로 다루어야 한다고 했다.

키케로에게 정의로움은 그러나 사회적 조화나 불법을 저지르지 않는 것 정도를 넘어서는 것이었다. 사람은 다른 사람들의 도움으로 형성되었기에 상호 간에 이롭게 행동하는 것을 모든 행위와 규범의 중심에 두어야 한다고 생각했다. 키케로가 새롭게 제시한 생각은 공동체에 대한 책임과 공동체의 발전에 기여하기 위한 의무였다. 정의로움을 위한 추가적인 키케로의 요구는 믿음성과 신뢰·약속의 준수였으며, 키케로는 정의로움은 법의 형식적 준수 수준 이상을 필요로 한다고 생각했다. 그 역시 구체적인 상황에서 법의 준수가 해로울 수도 있다고 보았다. 인간이 만든 법보다 자연법이 상위에 있다는 것이다.

아우구스티누스는 플라톤의 철학과 기독교적 사고 체계를 연결시켜 교부철학을 제시한 철학자다. 기독교적 의미의 완전한 정의로움은 전적으로 신의 은총에 의해 얻을 수 있다고 보았다. 인간의 정의로움은 그가 행한 죄악에 비추어 신의 정의로움에 비해 항상 불완전하다고 했다. 그러나 절제의 미덕은 사람들의 생활에서 중요하다고 여겼다. 아우구스티누스는 군주적 지배와 관련해서도 정의로워야 한다고 생각했다. 그렇지 않다면 군주의 행위와 백성들에 대한 요구는 단지 거대한 탈취에 지나지 않는다고 보았다.

완전한 정의로움을 우선해서 신의 영역으로 여기는 전통은 중세 신학에서 지속되다가 토마스 아퀴나스에 의해 '자비로움'의 개념과 연결된다. 토마스 아퀴나스는 정의로움을 미덕으로 다루며 아리스토텔레스의 생각에서 연결점을 찾았다. 다른 이들을 대하는 방식과 관련해 절제의 미덕을 보편적 미덕으로 보았고,

이와 구별해서 특별한 미덕으로는 계약 관계에서의 정의로움과 지배자의 미덕으로서 분배의 정의로움을 꼽았다. 아리스토텔레스처럼 토마스 아퀴나스도 법의 적용에서 일반적이고 경직된 것보다 개인적인 정황을 반영한 '선의의 해석'을 통한 보완의 필요성을 중요하게 보았다.

03

정의론의 사회계약론적·계몽주의적 전통

근대에 이르러서야 신에게서 비롯된 정의론적 질서에서 사람들은 스스로 자유로워지기 시작했다. 홉스는 정의를 인간의 본성에서 필요 불가결한 요소로 여겼고, 로크와 루소를 거치면서 다양한 개념의 사회계약론이 만들어졌다. 이들은 미국 헌법이나 프랑스 혁명을 통해 새로운 사회 질서의 성격을 특징 지었다.

　사회계약론(Theory of Social Contract)은 이성적 논의를 통해 사회 질서의 기본 규칙을 확립할 수 있다는 데에서 출발했다. 합법적 국가는 사회 질서의 기본 규칙과 관련해 구성원의 동의를 필요로 한다는 것이며, 민주주의와 공화제 발전의 기초가 되었다.

계몽주의(Enlightenment)는 합리적인 사고를 통해 발전을 가로막는 모든 사회적 구조를 극복할 수 있다는 정신 사조다. 자연과학에 대한 몰입, 종교적 관용, 교육, 시민적 권리, 인권 그리고 국가의 의무로서 공공 복리 등이 당시 계몽주의 시기에 사람들의 관심과 행위를 잘 설명해주는 주제다.

경험주의자 흄과 이성법 철학자 칸트는 이 시기의 사상을 대표하는 사람들이다. 영국에서는 흄으로부터 공리주의적 사고가 지배적인 윤리적 원칙으로 발전해 전체 사회의 효용이 가치 체계의 중심으로 자리 잡게 되었다. 칸트는 자연법적 개념을 비철학적 요소로 배격하고 이성법 개념을 발전시켰다. 이성적 존재인 인간에게 공리주의가 말하는 효용의 극대화는 정의로움과 도덕률로서 부족하다고 보았다.

홉스

토머스 홉스(Thomas Hobbes)는 정의론, 정의로움에 대해 새로운 시각을 제시했다. 홉스는 신이 만들어주는 질서라는 개념에서 빠져나와 사람들이 (가상적인) 자연 상태에서 살아가고 있다는 생각의 틀을 개발했다. 이 자연 상태에는 소유권도 존재하지 않고, 사람들은 정의롭게 행동하지도 않으며, 입법권을 가진 기관도 없다. 사람은 모두 다른 사람들에게 위험한 늑대 같은 존재다(만인의 만인에 대한 투쟁).[1] 사람이 가진 유일한 자연적 권리는 스스로를 지키는 것이다.

이 상황에서 필연적으로 사람은 다른 사람들과의 갈등적·투쟁적 관계에 있다. 사람들은 단지 이성적 현명함을 통해 이런 공포스러운 상황에서 벗어날 수 있는데, 이는 곧 그 상황이 가르쳐 주는 지침을 수용하는 것이다. 요컨대 자신의 자연적인 권리를 스스로 제한함으로서 평화를 추구하고, 계약을 준수하며, 평화를 강제력으로 유지하는 지배자를 받아들이는 것을 말한다. 결과적으로 사람의 자연적 권리는 사회 계약이라는 방식(그 시기에 전형적이었던, 적법한 목적을 위한 사변적 실험)을 통해 주권자에게 이양되는 것이다.[2]

홉스에게 있어 성립된, 즉 주권자에게 권한을 이양하는 계약은 지켜져야 하는 것이다. 개인의 국가에 대한 돌이킬 수 없는 권한 이양을 통해서 개인은 국가에 존재하는 법령에 무제한적으로 복종하고, 절대적으로 준수할 의무가 있다고 보았다. 다른 한편 법을 어기거나 계약 위반만 없다면 부당한 일은 아예 존재하지 않는다(실정법주의). 또 계약 체결에 가담하지 않은 다른 이들을 해치는 것도 부당한 일이 아니다.[3]

홉스에게 있어 사회계약론은 사람들이 자유에 대한 권한을 국가에 양도하는 것으로서 사변적으로 고안되었다. 그러므로 국가는 계약에 직접 참여하지 않고 결과적으로 누구에게도, 어떠한 의무도 없다. 주권자인 국가는 법 실행에 무제한의 권한을 가지므로 어떤 행위도 부당하지 않다고 보았다. 시민들과 교회조차도 국가에 절대로 복종해야 하는 것이다. 시민들 간의 관계에서도 계약 자체가 정의로움의 기준이라고 보았다. 계약은 당사자들이 자발적으로 참여한 것이기 때문이다.[4]

영국의 시민혁명(1642~1649) 과정에서 홉스는 왕당파에 속해 있었고 절대주의 왕정을 추구했다. 주권자의 절대적 권력에 대한 그의 방어적 태도는 이런 관점에서 이해할 필요가 있다.

로크

존 로크(John Locke)는 그의 저술을 의회와 왕권의 충돌이라는 역사적 배경에서 작성했다. 그의 생존 시기에는 이론적으로 어느 한쪽이 우세하지 않았으며, 새로운 사회 질서들이 충돌하면서 각종 논리만 무성했을 뿐이다. 로크는 왜 왕권을 제한해야 하는지에 대한 논리를 제공했다.

휘그(Whig)[5] 당원인 로크는 1689년 그의 저서 《통치론(Two Treatises of Government)》에서 홉스와 달리 신이 부여한 자연 질서를 상정했다.[6] 신은 창조주로서 삶에 대한 단독적 권한이 있고, 인간은 스스로나 다른 사람의 삶을 해롭게 할 권한이 없다고 보았다. 이에 따라 신이 허용한 자연 상태는 완전한 자유가 부여된 상태다. 사람들은 자연법의 한계 내에서 허용된 행위를 선택할 수 있는데, 자신의 소유물과 자신을 활용해 스스로에게 최선으로 보이는 결과를 추구할 수 있으며, 그 과정에서 누구의 허가도 필요하지 않고 다른 어떤 사람을 따르지 않아도 된다고 여겼다.[7]

소유물은 노동을 통해 만들어지며, 그 누구도 자신이 사용할 수 있는 것 이상으로 많이 가져서는 안 된다. 돈은 그러나 추상적인 재화로서 부패하는 것이 아니므로 원하는 대로 모아도 된다고 했다.[8] 삶과 자유와 소유물은 인간의 기본적 자연권이며, 이는 홉스와 달리 국가의 성립 이전부터 존재하는 것으로 보았다. 그러나 자연 상황이 불안전하기 때문에 사람들은 사회 계약을 체결한다는 것이다.

로크의 개념에서 특별한 것은 법과 국가 그리고 권한은 시민들의 표명적 의지에 정당성을 둔다는 점이다. 국가는 신이나 절대적 지배자에게 기반을 두지 않고 시민들의 의지를 대변한다. 그러므로 시민들의 의지를 국가가 대변하지 않는다면, 국가를 전복하고 변화시킬 수 있는 시민들의 권한이 존재한다고 생각했다.[9]

루소

장자크 루소(Jean-Jacques Rousseau)의 경우도 자신의 사회계약론에 대한 근거를 홉스와 마찬가지로 사람들의 자연 상태에서 출발했다. 루소의 생각에서 사람들의 자연 상태는 홉스의 경우 가정적인 상황이었던 것과 달리 상당 부분 인류학적 고찰에 근거한 것이었다. 루소는 특히 인간의 원초적 상황을 전쟁 상황으로 보지 않고 평화로운, 스스로에게 만족하고 동정심을 갖는 인간들로 구성된 것으로 그렸다. 그 상황에서 사람들은 자유로우며 선악의 구별을 모른다. 또 소유에 대한 개념이 없고 정의로움에 대한 개념도 존재하지 않는 것으로 보았다.

현실에 대한 반응 능력으로서 이성은 인간의 진화와 발전 과정에서 비로소 형성된 것이다. 인간은 단계적으로 언어를 사용하고, 이와 함께 개념의 습득이 가능해지고 동물과 차이를 갖게 되었다. 주거지를 만들고 가족이라는 사회 단위를 구성했다.

그와 함께 이기심, 시기심과 잔인한 심성이 형성되었다. 사회에 진입하면서 사람들의 심성이 변화해 만인의 만인에 대한 투쟁 상황이 만들어진 것이다. 이러한 발전 과정 단계에서 핵심적인 것이 농업이다. 농업 활동이 이루어지면서 소유와 집단이 형성 되었다. 소유권을 보호하도록 법이 만들어지고, 이로 인해 불평 등한 상황이 생기고, 이것이 계속 증폭되었다는 것이다.[10]

자연 상태가 시민 사회로 넘어가면서 이 과정은 사람들에게 커다란 변화를 야기한다. 사람들은 본능 대신에 공평함과 정의 로움을, 그리고 이전에 존재하지 않았던 도덕성을 행위 기준으로 생각하게 되었다.[11] 루소에게 소유는 스스로의 노동으로 창출 한 것이라면, 부정적인 것이 아니었다. 소유로 사회적 불평등이 생기고 부자들이 빈자들의 노동으로 자신의 소유를 늘리는 상황이 되면, 시민들은 자유와 평등을 잃어버린다. 그로부터 소유욕과 지배욕이 만연하게 된다는 것이다. 이로부터의 탈출구가 루소에게는 국가이며, 이 안에서 시민은 자유롭고 평등하게 대우받는다. 이를 위해 사회 계약이 필요하다는 것이다. 누구나 국가에 자신의 권리를 제한 없이 이양하기 때문에 국가 안에서 모든 이에 대한 평등이 보장된다. 누구도 다른 이들에 대한 권리가 없으므로 (최소한 시민적인 의미의) 자유도 보장된다는 것이다. 루소는 국가를 이러한 행위를 통해 시민의 공동 의지/일반 의지

(Volonte Generale)가 체화된 것이라고 보았다.[12]

국가가 주권자로서 시민의 공동 의지를 대표하므로 국가는 개인에 대해 어떤 의무도 없는 것이다. 시민은 개인으로서는 국가의 종복이며 공동 의지에 묶인다. 그러기에 국가는 공동 의지를 강제력을 동원해 실행할 수 있다. 개인 의지의 총합과 공동 의지는 같은 것이 아니다. 개인으로서 시민은 개인적 이해관계를 추종할 수 있기 때문이다. 공동 의지는 모든 이를 위한 것을 목적으로 한다. 그러므로 공동 의지는 전체 시민이 전체 시민을 위해 결정을 내릴 때 표현되는 것이다.[13]

영국의 경험주의자들과 달리 루소는 사회계약론의 실현은 공화제를 통해서만 가능하다고 보았다. 그는 의회군주제를 부정했다. 1787년의 미국 헌법, 그리고 영국의 권리장전에 로크의 영향이 지대했다면, 프랑스 혁명과 공화국 정신에는 루소의 사상이 크게 작용했다.

사회계약론의 핵심적 귀결인 시민의 평등권에 대한 루소의 생각은 어떤 시민도 다른 시민을 살 수 있을 정도로 부자가 되어서는 안 되며, 또한 어떤 시민도 자기를 팔 정도로 가난해서는 안 된다고 보았다. 이러한 그의 생각은 사회적 정의(Social Justice) 원칙에 근거한 것이다. 어떤 개인의 혜택이나 우월성이 지나치게 커지면 입법권자는 조정을 위해 개입해야 한다는 것이다.[14] 이러한 사회적 조정을 위한 입법 개입 주장을 통해 루소는 소유권에 대한 무제한적 보장을 주장한 로크의 자유주의와 큰 차이를 보였다.

흄

데이비드 흄(David Hume)은 강한 경험주의를 견지한 사상가로서 홉스의 자연 상황, 그리고 동시에 자연법적인 생각의 틀을 받아들이지 않았다. 흄은 합리성에 대해 회의적인 생각을 가졌다. 이성적 사고는 절대로 독자적으로 행위를 유발하지 못한다고 보았다. 행위를 유발하는 것은 감성적 요인이라는 것이다. 그러나 지성은 그럼에도 불구하고 도덕을 위해 필요 불가결한 요인이다. 사람의 도덕적 판단은 이 두 가지 차원의 요인이 개입해야 가능해진다는 것이다.[15]

회의주의자 흄은 정의로움을 이성의 산물이며 부차적인 미덕으로, 인간의 공동 생활과 질서 유지를 가능하게 해주는 합목적적 수단으로 생각했다. 그러나 그 자체로서 도덕적 의미의 금지나 명령을 도출하기는 어려운 것으로 보았다. 국가가 성립되기 이전에도 대가족 내부에는 공동 생활을 위한 규정이 존재했는데, 이러한 것들이 사회 계약의 기초가 된다는 것이다. 이들은 무엇보다 재화의 희소성이 지배하는 사회에서 사유 재산 제도를 보호하는 역할을 한다고 했다.[16]

흄은 자연적인 미덕과 인위적인 미덕을 구분했는데, 자연적인 미덕은 온화함·우정 같은 것이고, 정의로움은 충실함·진지함과 함께 인위적인 미덕에 속한다고 했다. 흄은 그중 인위적인 미덕은 충실한 경험주의자적 견지에서 감각적 인식에 의존하는 것으로서, 이러한 존재적 현상은 당위적인 것과 거리가 멀다고 보았다. 정의로움과 관련한 판단은 가치에 의거한 것이면 도덕적 근거로서 작용할 수는 없다고 본 것이다.[17]

흄은 그럼에도 불구하고 정의로움을 중요한 미덕으로 여겼는데, 그 목적과 효용을 사람들이 같이 살아가는 데 체계와 질서를 부여하는 것으로 보았기 때문이다. 정의로움의 가장 중요한 원칙은 흄에 따르면 인간의 소유권을 보호하는 것인데, 이는 계약 원칙의 확립에서 가능해진다는 것이다. 소유권 배분과 관련해서 흄은 능력주의 원칙을 옹호했으며, 이를 통해 사회 전체의 복지가 커진다고 보았다.[18]

흄은 인간의 생존 상황을 재화가 매우 부족한 상황으로 보지 않고 상대적으로 부족한 상황으로 보았다. 인간에게 재화가 희소하지 않고 충분하다면 누구나 원하는 대로 가질 수 있으므로 정의로움은 필요하지 않을 것이다. 재화가 매우 부족하다면 이러한 상황에서도 정의로움은 존재할 수 없는데, 단지 매우 이기적으로 행동하는 사람만이 살아남을 수 있기 때문일 것이다. 그러나 자원이 상대적으로 부족한, 즉 희소한 사회에서는 정의로움의 개념이 역할을 한다고 보았다.[19]

흄은 가족 내에서나 찾을 수 있는 순수한 사랑도 정의로움을 대체할 수 없다고 여겼다. 이런 순수한 사랑은 큰 그룹의 사회에서는 사람들이 갖추기 어렵기 때문이다. 홉스의 계약 없는 자연 상태를 흄은 비현실적으로 보았다. 인간의 초기 공동체는 가족이고, 이는 국가 성립 이전에 존재했으며, 그 내부에는 이미 규칙과 교육이 존재했다고 보았다. 국가는 사회에 다른 조직들이 생겨난 이후에 만들어졌다는 것이다.[20]

칸트의 이성법적 사고 체계: 이성과 자유

이마누엘 칸트(Immanuel Kant)는 영국과 당대를 풍미하던 공리주의적 사고를 총체적으로 부인했다. 칸트는 또 로크나 흄의 경험주의적이고 자연법적인 생각의 틀도 받아들이지 않았다. 칸트의 사고 체계는 이성법적인 것이다. 신의 법과 같은 자연법은 사람들이 인지할 수 없는 차원의 것이며, 사람은 이성을 매개로 자신의 경험에 의존해 인식을 얻는다고 보았다. 칸트의 이성법(Vernunftrecht)은 사람이 자신의 행위를 이성적으로 결정하는 것은 부인할 수 없는 경험적 사실이라는 점에 기반을 둔다. 칸트는 모든 사람이 존중받아야 할 가치가 있는, 인격을 가진 존재라고 보았다. 사람이 그 스스로에 대한 소유자여서가 아니라 사람은 이성적인 사고가 가능한 이성적인 존재이기 때문이다.

칸트는 사람이 항상 이성적으로 그리고 독자적으로 행동한다고 생각하지는 않았다. 많은 경우 사람은 그렇지 못하다. 칸트는 단지 사람은 이성적으로 생각할 수 있고 또 자유로운 선택을 할 능력이 있다고 했을 뿐이다. 칸트는 인간이 이성적인 능력만을 가진다고 하지는 않았다. 인간은 고통과 즐거움의 감정도 느낄 수 있다고 보았다. 이성적이면서 동시에 감각적인 존재로서 인간을 의식한 것이다.[21]

공리주의적 사고 체계를 칸트가 부인한 것은 공리주의자 벤담에게 있어 감각적인 존재로서 인간만이 그의 세계관에 반영되어 있다고 보았기 때문이다. 그에게는 자신의 존재에 대한 주권자로서 인간 개념이 존재하지 않았다. 항상 그렇지는 않지만 인간은 이성을 통해 자신을 지배할 수 있고, 고통을 피하고 쾌락을 추구하는 일에만 자신을 맡기지 않을 수 있는 존재라는 것

이다.[22]

칸트에게 있어 자유롭게 행동한다는 것은 독자적으로 행동한다는 의미다. 독자적으로 행동한다는 것은 자연의 법칙이나 본능, 사회 관습에 따르는 것이 아니라 내가 정한 룰에 따라 행동한다는 것이다. 이 독자성은 사람들 간의 관계에서도 중요하다. 모든 사람에게는 그의 이성적 능력에 기인해 다른 이들의 개성과 그 안에 존재하는 인격을 존중할 의무가 지워진다는 것이다. "법은 어떤 사람의 자의성이 다른 사람의 자의성과 자유와 …… 함께 조화될 수 있도록 하는 조건을 포함하는 것이다."[23]

칸트의 도덕철학(실천이성): 이성과 자유와 도덕

칸트는 자유와 독자성에서 도덕성에 대한 연결점을 찾아낸다. 자유롭게 행동한다는 것은 주어진 목적을 위해 가장 효율적인 수단을 선택한다는 의미가 아니다. 자유롭게 행동한다는 것은 수단이 아니라 목적 자체를 선택한다는 의미다.[24] 인간이 자유로울 수 있고 자연의 법칙이나 사회 관습에 따른 결정이 아닌, 스스로가 자신에게 부과한 룰에 따라 행동한다면, 인간이 자신에게 부과하는 룰은 어떤 것인가? 칸트는 이성에 따른 것이라고 말한다. 인간은 감각적이기만 한 존재가 아니며 합리적으로 생각하는 이성적 존재다. 이성이 내 의지를 지배한다면, 나는 성향이나 본능적 결정을 거부할 수도 있다.[25]

인간의 이성에 대해 논한 것은 물론 칸트가 유일하지도, 첫 시도를 한 것이지도 않다. 공리주의자도, 경험주의자도 이성의 존재를 말했다. 하지만 그들에게 인간의 이성은 도구적 존재였다. 공리주의자는 이성에 어떤 목적이 추구할 만한 가치가 있는 것인지 판단하고 결정하는 과업을 요구하지 않았다. 이성은 다만 욕구의 만족을 통한 효용 극대화를 이루기 위한 효율적 방법을 찾아내는 일만 할 뿐이다.[26] 흄은 이성을 "정념의 하인"으로, 홉스는 "욕구를 위한 길잡이"로 표현했다.[27] 칸트는 이러한 이성의 하위적 위치를 인정하지 않았다. 칸트의 이성에 대한 시각은, 즉 도덕에 적용되는 실천적 이성은 도구적 이성이 아니다. 한 개인의 자유는 자체가 목적이며 법이 보호해주는 것이다. 이를 통해 개인의 독자성과 인권이 보장된다. 물론 모든 개인의 독자성과 인권을 동시에 보장해야 하기에 개인의 자유는 동시에 제약을 받는다.[28]

칸트에게 있어 정의로움은 포기할 수 없는 가치를 가졌다. 그는 정의로움이 없다면 사람은 지구상에서 살아갈 가치가 없다고 보았는데, 정의로움은 윤리적 차원의 문제이며 순수이성적 차원에서 답변하기 어려운 실천적인 이성의 문제다. 정의로움의 실천적 적용 수단으로서 칸트는 법을 생각했다. 법 안에서 자유의 원칙이 상호적인 준수를 통해 보장된다는 것이다.[29]

여기에서 칸트의 그 유명한 '정언적 명령'이 만들어진다. 도덕적 행위는 도덕 자체를 위한, 즉 도덕률을 추구하는 것이다. 도덕률은 정언적 명령으로 구성된다. 정언명령(Categorical Imperative: Kategorischer Imperativ)과 대비되는 개념으로 가언명령(Hypothetical Imperative: Hypothetischer Imperativ)이 있다. 가언명령은 "만약 행복해지려면, ……하라!"와 같이 가설이나 조건을 필요로 하는 반면, 정언명령은 조건을 필요로 하지 않는다.[30] 칸트는 도덕 법칙을 무조건으로, 반드시, 절대적으로 이행해야 하는 (혹은 이행되어야 하는) 명령적인 것으로 보았다. 도덕 법칙은 그 자체가 최고의 가치를 지니며, 어떤 수단이 되지도 않는다는 것이다.

칸트는 이 정언적 명령을 "당신이 하고자 원하는 것이 동시에 보편적인 법의 원칙이 될 수 있도록, 그러한 일을 행하라!(Act only according to that Maxim whereby you can at the same time will that it should become a universal law: Handle so, dass die Maxime deines Willens jederzeit zugleich als Prinzip einer allgemeinen Gesetz-gebung gelten koennte)"고 일반화했다. 수단적 접근이 아니라 도

덕성 그 자체에 기반해 누구에게나 수용될 수 있는 도덕적 행동을 해야 한다는 것이다.[31] 동시에 다른 누군가가 나에게 요구해도 타당할 내용을 다른 이들에게 요구하라는 의미다.

칸트는 또 "모든 다른 이들이 언제나 수단이 아니라 목적이라고 여기며 행동하라"고 했다.[32] 인간은 개성과 인격을 존중받을 권리가 있고, 이는 모든 이에게 적용되는 것이며, 동시에 평등에 대한 요구를 말한다. 칸트는 정언적 명령에 일치하는 행위를 하는 것이 비로소 자유로운 행위를 하는 것이라고 보았다.[33] 한 사람의 자유와 그의 자기 결정권은 법에 의해 보장받지만 동시에 모든 이에게 적용되는 법의 구속력에 따라 자유는 제한을 받는다. 법에서 보장하는 행동의 자유는 상호적인 것이다. 모든 이의 자유는 다른 이의 자유에서 그 한계를 가진다. 법은 그 전체로서 자유의 이성적인 체계라는 것이다.

칸트의 사회계약론

칸트는 흄이나 로크와 마찬가지로 사회계약론을 수용했다. 하지만 칸트의 사회계약론은 그들과 달랐다. 로크 같은 초기 사회계약론자들에게 적법한 정부는 사회 계약에 근거하는데, 사회 계약은 공동의 생활을 규율하는 원칙에 대해 (한 번 혹은 그 이상) 사람들 사이에서 결정되는 것이라고 보았다. 칸트는 그러나 적법한 정부가 사회 계약에 기반을 두기는 하지만, 이 사회 계약이 실제적으로 존재한다고 보지는 않았다. 사람들의 생각 속에 존재하는 사변적인 것이라고 보았다(the original contract is not actual but imaginary).[34] 칸트는 이를 두 가지 이유로 설명한다. 국가들의 역사에서 사회 계약이 존재했던 사례를 찾기 어렵다는 실질적인 이유가 하나이고, 두 번째는 철학적인 이유로서 도덕적 원칙은 존재했던 사실에서만 도출해낼 수는 없다는 것이다. 도덕률은 개인의 이해관계나 욕구 위에 기반하기 어렵고, 정의의 원칙은 공동체의 이해관계나 욕구 위에 성립하기 어렵다는 것이다.[35] 과거 일단의 사람들이 헌법(Constitution)에 동의했다고 해서 그 헌법이 충분하게 정의롭다고 말하기 어렵다는 것도 명확한 일이다.

그러면 어떠한 사변적인 계약이 이러한 문제점을 돌파해낼 수 있을까? 칸트는 모든 입법 기관이 그들의 법을 전체 국가의 합치된 의지에 의거해 제정한다는 인식을 가지고 행하며, 시민에게는 그에 대한 동의를 의무화하는 방식을 말했다. 그러나 칸트는 그의 사변적 사회 계약이 구체적으로 어떤 내용일지, 어떤 정의의 원칙을 담을지에 대해서는 언급하지 않았다. 그리고 다

른 누구도 이러한 역할을 하지 않았다. 거의 200년 후 존 롤스가
시도하기 전까지는.[36]

계몽주의 이후

이성과 합리성이라는 계몽주의 시기의 굳건한 믿음에 대한 비판
은 계몽주의 내부에서 1750년을 전후해 형성되었다. 이후 낭만
주의적 분위기, 그리고 19세기 초에 형성되기 시작한 정치적 보
수주의 시대에 지속되었다.

구속력을 가지는 확정적인 정의로움의 개념에 대해 회의적
인 시각이 표출되었다. 프리드리히 니체(Friedrich Nietsche)는 사
람들의 삶이 본질적으로 실천적인 이성에 의해 이루어지고 결정
된다는 것을 부정했다.

카를 마르크스(Karl Marx)는 정의로움이 원칙에서 도출된다
는 시각에 대해 법과 정의로움은 다만 한 사회에서 상부구조
(Ueberbau)에 속하는 것이라고 보았다. 정의로움은 한 사회의 물
질적인 관계에 대한 것이며 자본주의 사회에서 부르주아 계층
의 지배권을 대변할 뿐이라고 보았다. 카를 마르크스에게 시간
을 초월한 절대적인 정의 개념은 존재하지 않는다. 그에게 정의

로움이란 다른 이데올로기적 개념처럼 특정 역사적·경제적 환경과 결부된 것이다. 마르크스는 그의 초기 저작에서부터 법이라는 제도를 부르주아 사회의 영역으로 치부했고 인간의 해방을 규범적인 목표로 추구했다.

국내의 정치적 박해를 피해 프랑스로 몸을 피한 독일의 초기 사회주의자들은 그곳에서 자유, 평등, 정의라는 이념[37]의 기치를 들었고, 1830년대에는 정의당(Bund der Gerechten)을 결성했다. 마르크스와 엥겔스가 그 모임의 지도적 위치를 차지하면서 이들은 그들의 이념 표현을 수정했다.

정의로움이 하나의 독자적이고 중심적 가치인지, 혹은 마르크스의 입장처럼 단지 객관적·물질적 관계의 표현, 즉 다른 것으로부터 도출되는 2차적인 것인지에 대한 논란은 사회주의/사회민주주의 진영에서 오늘날까지도 계속된다. 대표적인 예는 오랜 전통의 독일사민당(SPD)으로, 1918년까지 이 두 가지 입장을 모두 대변했다. 이후의 많은 사회적·문화적 운동들에는 거의 항상 사회주의적·마르크스주의적 흐름이 참여하는데, 정의로움에 대한 입장은 항상 논란으로 이어져왔다.

04

공리주의적 정의론

고전파 공리주의자들

영국에서 18~19세기에 제러미 벤담(Jeremy Bentham), 존 슈트어
트 밀(John Stuart Mill) 등이 주창한 "최대 다수의 최대 행복"이라
는 말로 대표되는 공리주의적 사고는[1] 정의론적 관점에서 매우
영향력 있는 경제학 사조다. 공리주의의 중요한 측면은 사회의
정의로움을 판단할 때, 한 시점의 상태를 판단 기준으로 한다는
점이다. 즉, 행위들의 결과로서 주어진 상태가 다수 사람들의 행
복(즉 느낌, 효용, 만족감 등)을 극대화시키고 있다면 그것이 정의로
운 상태라고 본다는 얘기다. 어떤 행위가 사람들을 행복하게 하

는 경향이 있다면 그 행위는 도덕적인 것이고, 대체로 고통을 주는 일이라면 그 행위는 도덕적이지 못한 것이다. 즉, 개인들의 만족감, 효용 등 주관적 느낌이 어떤 사회 상태의 정의로움을 평가하는 기준 척도가 된다.

공리주의는 결과론적인 정의론으로 분류된다.[2] 그 때문에 칸트 같은 사람의 의무론(Deontology)적 윤리학과는 대척점에 있는데, 칸트는 어떤 사람의 행위에 대한 판단은 그 사람의 행위가 지향하는 목적에 따라 이루어져야 한다는 견해를 갖고 있었기 때문이다. 공리주의자들은 경험주의자 흄과 같은 입장에 있는데, 윤리적 가치는 그 자체로서 성립되는 것이 아니라 인간의 실생활에서 설명된다고 보았다. 공리주의자들에게는 윤리적 '선'이 다만 어떤 행위가 야기하는 효용, 혹은 이로움에 기준을 가진다. 이런 점에서 정의로움은 흄의 경우에서처럼 공리주의자들에게도 2차적인 역할을 할 뿐인데, 그것이 긍정적인 효용을 가져올 경우에 한하기 때문이다. 공리주의자들은 효용을 늘리고 해로움이나 손해를 줄이는 것은 모두 정의롭게 여긴다. 재화의 분배나 행위는 그 효용의 측면에서만 평가된다.

흔히 공리주의는 개인의 효용 극대화를 추구하는 이기주의적 윤리관과 같은 개념으로 분류되기도 한다. 이는 그러나 옳지 않다. 공리주의의 최초 주창자 제러미 벤담의 경우 공리주의의 지향을 '최대 다수의 최대 행복'으로 표현했는데, 이는 공리주의자들의 지향이 전체 사회 구성원의 행복의 합의 극대화를 추구한다는 의미이며, 여기에서 개인의 전체 공동체에 대한 의무가 발생한다. 개인은 이 전체 공동체의 행복 극대화를 중심으로 자신의 행위를 선택해야 한다. 문제는 전체 사회의 효용 극대화 추구가 일반적으로 받아들여지는 윤리적 가치로서 정의로움과 충돌하는 경우다. 공리주의자들은 발전 과정에서 그들 이론의 논리와 근거를 구체화하면서 반대 의견을 반영해나갔다.

만족감이나 행복하다는 감정도 다양하고 층위가 존재할 것이다. 공리주의자들 사이에서도 이 행복의 개념에 대해, 특히 행복감의 합산에 대해 의견이 달랐다. 벤담에게는 행복감의 단순 합만이 중요하며, 행복하다면 그것으로 충분한 것이고 차별을 부인한다. 그러나 밀은 행복한 돼지와 불행한 인간을 비교하면서 행복감의 층위나 질 그리고 가치를 구분하고자 했으며, 이는 사람의 교육과 정신적 수준에 따르는 것으로 보았다.[3]

후기 공리주의자들

후기 공리주의자 헨리 시지윅(Henry Sidgwick)은 일반적으로 인정받는 도덕적 가치나 미덕에 2차적인 원칙으로서 지위를 부여해 지향점을 제시했는데, 이를 통해서 개별 개인들의 미덕적인 행위가 전체 사회의 효용 극대화에 기여하게 된다는 것이다.[4]

후대에 나타난 공리주의의 다른 대안은 존 허샤니(John Harsanyi)가 제안한 평균적 공리주의다. 그가 제시한 기준은 사회에서 1인당 효용의 극대화이며 전체 사회의 효용 극대화가 아니다. 이를 통해 인구가 줄어드는 사회에서의 질적인 성장도 공리주의자들이 평가할 수 있는 것이다.[5]

레이너 트랩(Rainer Trapp)은 정의론적 공리주의를 발전시켰는데, 그의 체계에서는 목적함수로서 전체 사회의 효용 극대화가 효용 분배의 평등성으로 보완된다. 이를 통해 효용의 수준과 도덕적 가치의 관계를 만들었는데, 초기 공리주의와는 크게 구별되는 성격을 띤다.[6]

공리주의 평가

공리주의가 현실에서 작동 가능하기 위해서는 개인의 주관적 만족감을 측정할 수 있어야 하고 상호 비교도 가능해야 한다. 어떤 사회적 상태에서 '최대 다수의 최대 행복' 상황이 이루어지고 있는지, 아니면 더 나은 사회적 상태가 대안으로 존재하는지를 알기 위해 개인들의 주관적 만족감을 합산할 수 있어야 하기 때문이다.

공리주의와 관련한 평가에서 크게 갈리는 부분이 공리주의는 분배에 전혀 관심이 없는 것이냐 하는 것이다. 공리주의는 다만 개인적 만족감의 사회적 합산 결과가 극대화되는 상태를 정의롭다고 여기는 것에서 출발한다. 사회적 후생은 단지 개인적 효용의 단순 합이지만, 이 경우 개인의 효용은 세후 소득의 함수가 된다. 몇 가지 추가적인 가정을 해보자. 우선 개인들은 강볼록성(Strong Convex)의 효용함수를 가진다고 보자. 즉, 소득의 한계 효용을 체감한다는 것이다. 이 가정은 그다지 비현실적인 것은 아니다. 다음으로 개인들이 소득에만 좌우되는 동일한 효용함수를 가진다고 보자.

공리주의적 입장에서 볼 때 강볼록성의 효용함수는 분배가 바람직한 역할을 수행하는 것으로 만들어준다. 공리주의자는 개인들의 최종적인 효용의 합이 극대화되는 것을 바람직하다고 보는 것이고, 강볼록성의 효용함수에서는 분배가 균등화할수록 개인들의 효용의 합은 극대화된다. 다른 한편 균등화를 통해 근로와 경제 활동에 대한 인센티브가 낮아지면 점점 더 사회 전체적인 소득 수준이 저하되고 개인들의 효용도 소득의 함수이므로 비록 소득의 감소 속도보다 느리지만 같이 감소한다.

공리주의자들의 사고로부터 도출되는 정책적 귀결이나 정의론적 분석은 여기까지다. 이 두 가지 상반되는 효과 사이의 관계에 대해 공리주의적 정의론은 아무런 설명이나 제안을 하지 못하고 있다.[7] 20세기 이후 주류 경제학의 경우도 이러한 공리주의 입장에서 본질적으로는 크게 벗어나지 못하고 있다.[8]

노벨상을 수상한 경제학자 아마르티아 센은 공리주의의 두 가지 중요한 기여로 사회적 제도나 기관들의 역할을 과정이나 태도가 아니라 그 업적을 기준으로 평가하는 걸 중요시한 것, 그리고 사회적 제도나 기관들의 역할 및 그 업적을 필연적으로 구성원들의 복지를 중심으로 판단하려고 한 것을 들고 있다. 다른 한편 센은 동시에 공리주의의 문제점으로 분배에 대한 무관심, 개인의 자유나 권리, 효용과 연관되지 않는 다른 요소에 대한 무시, 그리고 공리주의적 목적함수(효용)의 불안전성을 들었다.[9]

전체적으로 볼 때 공리주의의 모든 버전이 효용을 중심으로 하는 사고 체계와 정의로움의 관계에 대해 충분한 설명을 제공하지는 못하고 있다. 공리주의자들은 기본적으로 어떤 구체적인 사회 상황이 정의로운 것인지 말해줄 수 없으며, 단지 다른 상황보다 상대적으로 공리주의적 의미에서 더 정의로운지, 즉 전체 효용이 더 높은지 말할 수 있을 뿐이다. 효용의 개념은 계량화가 어렵게 가능할 뿐이다.

　공리주의자들의 사고 체계에서 개인들의 가치 체계는 반영될 수 없다. 가장 중요한 것은 공리주의가 인권 같은 기본적인 가치도 보장하지 못한다는 점이다. 노예제 같은 반인권적인 제도조차도 공리주의의 효용 극대화 관점에서는 근거를 찾을 수 있는 것이다.

05

고전파 경제학과 후생경제학의 정의 개념

고전파 경제학자 애덤 스미스

정의론의 발전 과정에서 고전파 경제학자들의 기여는 크지 않았다. 그럼에도 불구하고 사회 발전에 대한 고전파 경제학자들의 기여를 생각할 때, 정의의 개념을 그들이 제공한 주요 생각을 중심으로 살펴보는 것은 필요하다. 여기서는 애덤 스미스를 중심으로 살펴본다.

　1776년 국부론을 출판하기 이전에 애덤 스미스를 먼저 세상에 알린 저작은 1759년의 《도덕정조론(Theory of Moral Sentiments)》[1]이라는 도덕철학 분야 저서다. 그는 함께 살아가는 사람들에 대한 공감과 동정이 도덕의 기본이며 인간의 근로, 즉 생활의 동인이라고 보았다.

그를 경제학의 아버지로 불리게 한 저작《국부론(An Inquiry into the Nature and Causes of the Wealth of Nations)》[2]에서 애덤 스미스는 국부의 근원은 노동이며, 재화의 가치도 여기에서 발생한다고 보았다. 스미스는 사회의 부를 창출하는 근원이 노동의 분업이라고 생각했는데, 노동 분업이 자유 경쟁을 기반으로 하기 때문에 국내외적인 자유 무역에 의해서만 적절한 노동력과 생산 수단의 배분 그리고 가격과 이윤이 지역적·시기적으로 적절하게 조정되고, 이를 통해 사회 전체의 공동의 부가 증진된다고 보았다.[3]

스미스는 이 개인들의 이익 추구가 사회 전체의 부에 이르는 경로를 설명하면서 중요한 역할을 수행하는 미덕으로 정의로움(Justice), 사려 깊음(Prudence), 그리고 자비로움(Beneficence)을 들었다.[4] 스미스는 정의로움을 다른 사람들의 행복을 해치는 일로부터 스스로 절제하는 것으로 좁은 의미로 정의했다. 정의로움을 개인들의 사익 추구가 더 뻗어갈 수 없는 한계로 인식했으며, 이 한계를 지키는 것은 사려 깊음의 경우처럼 개인들의 재량에 맡기는 것이 아니라 필요한 경우 강제력을 동원할 수 있다고 보았다. 정의로움을 자유로운 사회의 존재를 위한 선결 요건으

로 보았기 때문이다.[5]

스미스의 《도덕정조론》에서의 정의 개념은 《국부론》에서 의미가 확장된다. 《도덕정조론》에서 정의 개념(다른 이들에게 해를 끼치지 않는 것)은 새로운 상황에 맞추어 조정되었다. 《국부론》에서 정의 개념은 사회 정책(Social Policy)의 기반으로서 새롭게 강조된다.[6] 사회 정책을 위한 기반으로서 정의로움은 법 앞의 평등을 의미하는 중립적 대우(Impartial Treatment)로 정립되었다. "어떤 개인이나 그룹도 특권을 누리거나 특별한 제약이 강제되지 않는다(No individual and group is to be awarded special privileges or forced to endure special restraints)." 애덤 스미스는 사회에서 특혜와 특별한 제약을 제거해내는 것이 자연적 자유와 자연적 정의를 위한 가장 단순하고 명확한 방법이며 국부 증진을 위한 주된 정책 노선이라고 보았다. 애덤 스미스의 《국부론》 3권과 4권은 전체 내용이 사회 질서에서 중립성에 대한 요구(the demands of impartiality in the social order)로 채워져 있다.[7]

경제학자 센은 정의론을 둘러싼 학자들의 맥을 두 갈래로 구분했는데 먼저 홉스·로크·루소와 칸트 그리고 롤스로 이어지는 (사회계약론적 전통에 서서) 정의로운 사회의 제도적 배열에 노력하는 학자들의 그룹을 들었다. 이들은 정의로움(Justice)과 정의롭지 못함(Injustice)을 구별하기보다는 완전한 정의로움을 파악하는 것에 집중했다. 이들과 다른 그룹으로 센은 애덤 스미스, 그리고 애덤 스미스로부터 영향을 받은 것으로 보이는 벤담, 밀, 마르크스 같은 학자들을 들었다. 그들은 현실에서 드러나는 정의롭지 못한 요소를 제거하는 일, 즉 현실을 개선하는 데 집중하는 학자라는 것이다.[8] 롤스 같은 학자들이 "완전하게 정의로운 사회적 제도는 어떤 것인가(How could we identify perfectly just institutions?)"라는 물음에 천착한다면, 스미스 같은 학자들은 "어떻게 사회가 더 정의로워질 수 있을까(How could justice be advanced?)"라는 물음에 집중했다는 것이다.

정의로움을 국가와 법의 지향이며 존재 의무로 여기는 칸트 같은 이성과 정의의 대륙철학자와 달리, 애덤 스미스의 정의 개념은 공리주의적이고 경험주의적인 영국의 전통에 서 있다. 스미스는 국민의 부와 복지는 자연적으로 자유로운 상태에서 가장 잘 실현된다고 보았으며, 국가는 그렇기에 생산 관계에서 복잡한 분업 상황에 관여하지 않는 것이 바람직하다고 여겼다. 스미스의 야경국가론, 즉 국가는 꼭 필요한 사회적 틀을 세우는 기능만 수행하면 된다는 관점은 국가에 네 가지 기능의 수행만을 요구한다. 국가의 방위, 치안과 법질서의 유지, 교육 및 교통 같은 공공 서비스, 그리고 사유 재산의 유지가 그것이다.

애덤 스미스는 이웃 유럽 국가들, 특히 에스파냐의 식민지 정책을 매우 강하게 비판했다. 스미스는 지배욕으로 식민지를 건설하고 죄 없는 원주민을 괴롭히는 것을 어리석고 정의롭지 못하다고 보았다.[9] 스미스는 식민지 지배를 통해 금은 등이 유럽으로 들어오는 것이 경제에 이롭다고 생각하지도 않았다. 당시 지배적인 사조인 중상주의적 경제관을 배격한 것이다. 스미스는 또 도덕적인 견지에서보다 경제적인 관점에서 노예제의 폐지를 주장했다. 노예제 유지가 비용이 많이 들기 때문에 노동 비용의 관점에서 비효율적이라는 것이다.[10]

후생경제학

후생경제학은 신고전파 주류 경제학의 철학이라고 할 수 있다. 후생경제학의 사회 후생 이론(Social Welfare Theory)은 정책의 목표를 사회적 후생의 극대화에 둔다. 후생경제학은 사회적 후생의 극대화를 통해서 개인들의 경제적 상황이 나아질 수 있는 물질적 기반이 조성된다고 본다.

사회후생함수

개인들의 도달 가능한 효용의 벡터는 효용가능곡선(Utility Possibility Curve)으로 그려진다. 사회의 자원이 배분되어 재화를 생산하고, 이것이 개인들에게 제공할 수 있는 효용의 범주가 이 곡선 안에 주어지는 것이다. 효용가능곡선과 후생무차별곡선(Welfare Indifferent Curve)의 접점을 찾아서 실현시키는 것이 가장 높은 수준의 개인적 효용을 가능케 하는 것이며, 이러한 개인들의 후생 수준과 사회를 구성하는 모든 개인을 포괄하는 사회 전체의 후생 수준의 관계를 보여주는 것은 사회후생함수(Social Welfare Function)다.

후생경제학은 개인들 간의 적절한 분배 문제와 이를 통한 후생 수준의 개선에 대해서는 소극적인 입장을 취한다. 경제학자들은 공리주의적 사회후생함수로는 개인들의 사회 후생의 단순 합으로, 그리고 롤스의 사회후생함수로는 사회 최빈자의 후생 수준에 의해 사회후생함수가 결정되는 방식으로 표현한다.[11] 중요한 것은 후생경제학은 어떤 사회후생함수가 적절한 것인지에 대한 내용은 제공하지 않는다는 점이다.

파레토 기준

후생경제학은 사회 후생 변화의 측정을 파레토(Pareto) 기준 중심으로 판단한다. 파레토 기준에 부합하느냐에 따라 경제적 효율성을 판단하는 것이다. 다른 조건 불변(Ceteris Paribus)이라는 가정하에서 한 가계라도 효용 수준이 증가하면 사회 후생의 수준은 높아지는데, 어떤 한 가계의 경제적 상황을 나쁘게 하지 않고는 더 이상 다른 가계의 경제 상황을 개선할 수 없는 단계에 이르면 이 상황을 파레토 최적이라고 정의한다. 경제적 효율성이 달성된 상태라고 보는 것이다. 한 가계의 경제적 상황이 나빠지더라도 여러 가계의 경제적 상황이 좋아지거나, 한 가계의 경제적 상황이 조금 나빠지면서 다른 가계의 경제적 상황이 많이 호전되더라도 파레토 개선, 즉 사회의 후생 수준이 증가한 것으로 볼 수 없다.[12]

후생경제학은 몇 가지 근거와 개념을 중심으로 분배 정책, 분배의 형평성(Distributive Equity)은 가치 판단의 영역에 속하는 것으로 특정한 가치 판단을 전제로 하지 않고서는 객관적인 경제 분석이 더 나아갈 수 없다고 본다. 고전파 경제학[13]과 달리 후생경제학은 개인들 간 효용의 비교 가능성을 부인함으로써 분배를 통한 사회 후생의 증가 가능성을 실증이 불가능한 것으로 판단한다.[14]

부자와 빈자 간의 소득 차이는 관찰되지만 그들이 자신의 소득을 통해 누리는 주관적 효용의 크기는 객관적 수치로 비교할 수 없다는 것이다. 부자가 높은 소득에도 불구하고 누리는 효용 수준이 오히려 낮고 빈자의 효용 수준이 더 높은 경우도 배제할 수 없으며, 객관적인 판단이 불가능하다는 말이다. 결과적으로 소득 분배를 통해 효용 수준이 낮은 부자로부터 높은 효용을 누리는 빈자에게 분배가 이루어져 효용의 관점에서 볼 때에는 상대적으로 바람직하지 못한 역재분배가 이루어질 수도 있다는 것이다.

후생경제학이 사회 후생 변화의 측정을 파레토 기준을 중심으로 판단한다는 것은 이론적으로는 경제학의 공리주의적 전통과의 단절을 의미한다. 개인들의 주관적 만족도, 즉 효용 수준은 비교가 불가능하기도 하고, 파레토 기준을 따르는 경우 한 사람의 개인이라도 효용 수준이 낮아지는 경우 여러 개인의 효용이 좋아지거나, 한 사람의 효용이 많이 좋아지더라도 파레토 개선이 아니기 때문이다. 공리주의는 사회 전체 개인들의 효용 수준의 합의 극대화를 추구하므로, 공리주의적 견지에서는 한 개인의 효용 수준이 낮아지더라도 여러 개인의 효용이 좋아지거나, 한 사람의 효용이 많이 좋아져서 사회 전체 개인들의 효용의 합이 높아지면 바람직하고 정의로운 것이다.

그러나 후생경제학, 즉 주류 경제학이 지배하는 세상의 경제 정책 현실은 아직도 오래된 공리주의 전통의 치마 폭에 싸여 있다는 것을 부인할 수 없다.[15] 나라들에서 정책적 판단의 유일한 기준은 개인들의 전체적 만족도 수준이다. 경제학자들은 그리고 정책 당국자들은 일반적으로 잠재적 파레토 개선(Potential Pareto Improvement)을 정책 판단의 기준으로 삼는다. 정책의 수혜자가 정책의 피해자에게 적절한 보상을 지불하고도 더 높은 후생 수준을 누릴 수 있는 상황이라면 (현실에서 보상이 실제로 지불되지 않는다 하더라도) 파레토 개선으로 간주하는 것이다.[16] 이는 롤스가 강하게 반대하는 공리주의적 전통에 속하는 행위다.

불가능성 정리와 차선의 이론

케네스 애로(Kenneth Arrow)는 불가능성 정리를 통해 모든 사회 구성원의 (그들 나름의) 특정한 선호 체계를 균등하게 반영하는 사회후생함수가 존재할 수 없음을 밝혔다. 애로는 사회적 자원 배분에 대한 평가를 구성원이 3인 이상이고 사회적 자원 배분의 대안이 세 가지 이상인 경우를 상정하고, 구성원의 서수적 선호도(Preference Order)[17]의 바탕에서 분석한 불가능성 정리(Impossibility Theorem)를 1951년 발표했다.[18]

　사회적 선호 체계가 갖추어야 할 바람직한 성격에 대한 기준으로 완비성(Completeness)과 이행성(Transitivity), 파레토 원칙(Pareto Principle), 비독재성(Nondictatorial Choice), 그리고 개인의 선호도와 직접 관련 없는 대안들로부터의 독립성(Independence of Irrelevant Alternatives)의 네 가지를 모두 만족시키는 사회후생함수는 존재하지 않는다는 것이 그 내용이다.

수용 가능한 사회후생함수가 존재하지 않는다고 결론지으면서 애로의 불가능성 정리가 후생경제학에서 제시한 의미도 결국 분배와 관련해 후생경제학적으로 어떤 것이 바람직하다든가, 혹은 정의롭다든가 하는 것에 대해 논리적으로 엄밀성이 있는 얘기를 할 수는 없다는 것이다.

리처드 립시(Richard Lipsey)와 켈빈 랭커스터(Kelvin Lancaster)는 차선의 이론(Theory of the Second Best)을 제시했다. 이 이론은 효율적인 자원 배분을 위해 n개의 조건을 동시에 충족해야 하는데, 만일 이 중 한 가지를 충족하지 못해 사회 후생이 극대화되는 최선의 상태를 달성하지 못할 때, 다른 효율성 조건을 가능한 한 많이 충족한다고 해서 사회 후생이 높아지는 차선의 상태를 달성한다고 볼 수는 없다는 것이다. 이 이론의 정책적 시사점은 점진적인 접근법을 통한 제도 개혁이 기대하지 않던 부작용을 만들 수도 있다는 것이다.

후생경제학의 정의로움에 대한 평가(분배 정책에 대한 입장)

후생경제학은 사회후생함수를 결정하는 것은 가치 판단을 전제로 하는 정치의 영역이라고 봄으로써 정작 사회에서 가장 의미 있는 연구 주제로부터 몸을 빼고 있다. 또 그렇게 함으로써 이미 앞의 논의에서 사회철학으로 받아들이기 어려운 것으로 평가된 바 있는 공리주의적 사고방식과 그 사회후생함수를 암묵적으로 채택하고 있는 것이다.

후생경제학의 사회 후생 이론은 결국 어떤 상태에 대한 정의로움 판단에서 전적으로 개인 스스로의 효용에 대한 판단에 의존한다. 이는 개인주의(Individualism)적 인간관에 해당하는 것이다. 이 개인주의를 바탕으로 공리주의적 사회후생함수를 암묵적으로 받아들이면서도 동시에 사회 후생의 극대화를 목적으로 개인의 희생과 어려움도 불사하는 공리주의적 세계관은 공식적으로 부정한다(파레토 개선). 즉, 개인주의와 공리주의적 사회후생함수의 결합을 통해 이미 형성된 이해관계의 변화는 매우 어렵다. 암묵적인 사회 후생의 극대화(잠재적 파레토 개선)는 현실에서 추구되지만, 또한 그를 통해 우발적인 분배 상황의 변화가 야기되기도 하지만, 분배 자체의 개선을 목적으로 하는 정책이나 판단 기준을 후생경제학은 제공하지 못하는 것이다.

주류 경제학은 분배 문제를 가치 판단의 영역으로 두면서도 그 문제를 다루지 말자고 하는 것은 아니다. 개인의 효용에 대해 가중치를 부여하는 사회후생함수를 사용해서 분배 정책을 수립할 수 있다는 것이다. 그러나 어떤 가중치를 사용할 것인지 후생경제학은 답변하지 않는다. 가치 판단의 문제로 보아 정치의 영역으로 넘기는 것이다.

　　주류 경제학(혹은 후생경제학)은 사회 및 분배 정의의 문제에서 파레토 효율성의 개념으로 후퇴함으로써 실제적으로 중요한 분배의 문제에 대해서는 가치 중립적인 학문적 논의가 불가능하다는 입장을 택하고 있다. 주류 경제학이 요구하는 경제 논리의 엄밀성 수준에 비추어서 분배에 대한 가치 중립적 대안 제시와 정의론의 정립은 물론 어렵다. 그러나 예산과 조세 정책을 비롯한 경제 정책의 결정에서는 항상 어떠한 형태의 준거가 필요하다. 결과적으로 현실에서는 파레토 효율성보다 상대적으로 낮은 수준의 엄밀성을 충족시키는 경제 논리에 의해 대부분의 결정이 이루어지고 있다. 결과적으로 주류 경제학은 현실에서 국가가 해야 하는 중요한 일에 가이드라인을 제시하지 못하고 있는 것이다.

06

사회계약론과 자유주의적 사고 체계의 롤스 정의론

롤스는 그의 저서 《정의론》으로 사회철학 분야에서 의미 깊은 논의의 장을 열었다. 그의 저서 발표 이후 관련 저서가 수없이 뒤따랐다. 《정의론》은 사회계약론의 전통에서 '정의' 문제를 다루면서 특히 분배의 정의에 대해 탐구하고, 현대적 의사 결정 이론과 게임 이론도 포함하고 있다.[1]

존 로크, 장자크 루소, 이마누엘 칸트 등의 이름과 함께 알려진 사회계약론은 서구 사회의 정신사에서 큰 의미를 가진다. 롤스에 의해 사회계약론은 새롭게 조명을 받게 되었고, 특히 영미권에서 롤스의 저서는 엄청난 주목을 끌었다. 아마도 그는 가장 강력한 영향력을 발휘한, 손으로 꼽을 수 있는 현대 사회철학자 중 한 명일 것이다. 그의 정의론은 영미권과 세계를 지배하고 있는 경제학 사조인 후생경제학(전통적 주류 경제학)의 중요한 부 작위를 채워주는 의미를 갖는다고 하겠다.[2]

정의론의 사회계약론적 기초

20세기 후반기에 롤스는 사회계약론[3]적 기초에 입각해 정의에 대 한 체계적 이론을 제시했다(John Rawls, *A Theory of Justice*, 1971). 그의 정의론은 국가를 중심으로 공공의 정책이 어떤 준거를 가 지고 정립되어야 정의로운지에 대한 것이다. 가장 쉽게 떠오르 는 응용 분야로 조세 정책을 들 수 있다.[4]

　사회계약론적 접근은 개인의 미덕으로서 정의, 종교에서 가 르치는 정의, 자연법적 정의와는 확연하게 구별되는 정의에 대 한 접근 방식을 제시한다. 사회계약론은 정의로움을 인간들 사 이의 갈등을 해결하는 제도적 관계로 보는 방식이다.

　사회계약론자들은 특정한 방식으로 구조화된 어떤 원초적 상태를 가정하고, 이 상태에서 사람들이 특정한 규칙에 합의할 수 있다는 것에서 출발한다. 이 원초적 상태는 경험적으로 실존 했던 사회를 대신해 규범적으로 합법성을 가진다는 생각이다.

통상 이러한 과정에서 논증의 3단계를 거친다.[5]

1. 우선 어떤 특정한 형태의 원초적 상태를 고안한다. 이 상태가 통상 특정한 직관적 공정성이나 합의를 이룬 규칙(혹은 정의)에 정당성을 부여하는 요건에 해당한다.[6]
2. 개인은 원초적 상태에 처해 있음에도 불구하고 선택하려는 미래 사회 제도의 작동 방식에 깊은 이해력을 가진다.
3. 원초적 상태에서 개인은 합리적 의사 결정 과정(스스로에게 이로운 것을 선택)을 통해 사회적으로 합의를 이루면서 정의롭다고 여겨지는 제도가 도출된다.

사회계약론적 사고의 큰 장점은 계약론적 사고의 결과물에 정당성을 부여하는 역할에 동원되는 계약이라는 아이디어가 현재 시민 사회의 갈등을 조정하는 수단으로서 주된 역할을 수행하는 사회 행위(혹은 제도)라는 것이다. 정의론적 관점에서 사회계약론의 매력은 실제 사회의 계약이 갖는 규범적 구속력이다. 계약을 통해 쌍방 간의 약속이 표현되고, 그 약속의 이행이 다른 어떤 조건적 상황의 발생을 전제로 하지 않으면서 약속 자체의 힘에 의해 강제력을 가진다는 것이다. 사회계약론자들은 이 실제 상황에서의 계약이 갖는 당연적 구속력을 계약론적 상황에도

빌려주려고 시도한다.[7]

　사회계약론에 대해 통상 제기되는 비판은 다음과 같다. 사회계약론적 사고의 한계는 원초적 상태에서 단지 가상의 개인이 약속할 만한 내용의 것을 현실 세계에서도 구속력을 갖는 것으로 보려고 한다는 것이다. 구체적인 의사 결정 상황에 실존하는 인간들에게 그 약속의 이행 의무를 넘겨주는 것은 불가능하다. 구체적 의사 결정 상황의 '나'는 가상의 상황에서 탈개인화한 '내'가 한 약속에 대해 구속력을 느낄 필요가 없는 것이다. 왜냐하면 역사적으로 한 번도 계약론적 상황이 펼쳐진 적은 없기 때문이다. 어떠한 시기에도 이미 그 전 시기에 마련된 법 제도가 존재했고, 새로운 제도가 힘을 발휘하기까지의 전환기에도 과거의 제도는 힘을 가졌고, 그러한 방식으로 항상 새로운 상황에서도 구제도의 일부는 살아남는다는 것이다. 그 때문에 무(Zero)의 상황에서 이상적인 제도를 합의해 시행한다는 생각은 비현실적이라는 것이다.[8]

　이러한 비판은 그러나 사회계약론자들의 논거를 비껴가는 내용이다. 사회계약론은 단지 현존하는 (혹은 바람직한) 제도나 규칙의 정의로움을 판단하기 위한 합리적 추론일 뿐이다. 그러한 사고를 통해 어떤 규칙이나 제도가 더 정의롭다고 보여지면 그 정당한 제도나 규칙은 사회의 개개인에게 좀더 강한 전파력과 설득력을 갖게 될 테고, 이에 기초해 민주주의 제도하에서 실존적 개인들이 그 제도에 좀더 가치를 부여하게 되고, 결과적으로 선거를 통한 선택 등의 행위로 현실 사회의 제도적 형성에 반영되는 것이다.

롤스의 정의론

롤스의 정의론, 무엇에 관한 것인가

롤스의 《정의론》이 제시하는 정의의 원칙은 사회에서 개인의 자유와 평등 그리고 기회 균등을 다룬다. 자유는 형식적·정치적 자유를 넘어서 포괄적·실제적 자유의 의미다. 경제적 측면의 자유를 포함하며 이를 중요하게 여긴다. 평등은 정치적 평등 그리고 법 앞의 평등도 포함되지만, 롤스의 《정의론》에서는 경제적 평등, 즉 분배 문제를 특히 중요하게 다룬다. 롤스는 구체적으로 소유권의 체계, 조세 체계의 설계, 기초 생계비 수준 등을 개인의 경제적 상황을 결정하는 중요한 제도적 요인으로 보고, 따라서 이것들을 분배 관점에서 다루어야 할 핵심 사안으로 언급한다.[9]

롤스의 《정의론》은 정의 혹은 정의로움을 사회적 제도(Social

Institutions)의 첫 번째 미덕으로 여긴다. "사고 체계에서 진리가 가장 중요한 것처럼, 우아하고 간결하게 만들어진 어떤 학문적 이론도 진리가 아니면 기각되어야 하는 것처럼, 잘 기능하고 잘 조율된 법이나 제도 그리고 기관도 정의롭지 못하면 폐지되거나 변경되어야 한다."[10]

《정의론》의 분석 대상은 사회의 기본 구조다. "기본 구조란 사회의 가장 중요한 기관과 제도들이 기본적인 권리와 의무 그리고 사회적 협업의 결과물을 어떻게 나누는지 등을 말한다. 가장 중요한 기관으로는 헌법과 그리고 중요한 경제적·사회적 관계를 말하는데 이는 예를 들자면 생각과 양심의 자유, 경쟁적 시장, 생산 수단에 대한 사적 소유권, 일부일처제 같은 것이다."[11] 이들 중요한 기관과 제도는 모두 사람의 권리와 의무를 결정하고 그들의 인생 기회에 영향을 미친다. 이런 기관과 제도는 사람이 태어나기 전부터 존재하기 때문에 이러한 제도적 환경에서 태어난 사람들의 인생 기회는 출발점부터 깊은, 불평등한 영향을 받는다. 롤스는 이것이 이들이 선택한 것도 아니며, 이들이 자초한 것도 아니라고 본다.[12]

정의의 원칙은 롤스가 이미 잘 알려진 로크, 루소, 칸트의 사회계약론을 일반화하고 추상성의 단계를 더 끌어올리면서 도출했다. 본래의 사회계약론과 달리 그를 통해 어떤 사회나 정부의 형태를 설계하는 것이 아니라, 사회의 기본 구조와 관련된 정의의 원칙에 대한 원초적 합의를 끌어내자는 것이 기본적인 구상이다. "이 정의의 원칙은 자유롭고 합리적인 사람이, 그 자신의 이익을 위하여, (모든 사람이 평등한) 원초적인 시기에, 향후 구속력을 발휘할, 기본 관계로서 수용할 만한 내용을 말한다."[13] 즉, 사회에서 같이 살아가려고 하는 사람들이 공동의 행위를 통해, 기본권과 의무 그리고 사회의 재화가 그에 따라 분배되는 기본 원칙을 선택하는 것이다.

정의의 원칙에서 중요하게 다루는, 모든 이가 균등하게 누려야 하는 '기본적인 자유'로 롤스는 정치적 자유(선거권, 피선거권, 집회 및 표현의 자유, 사고와 양심의 자유), 개인적 자유(신체적 구속과 심리적 압박으로부터의 자유), 개인 소유권에 대한 자유, 임의적 체포나 구금으로부터의 자유를 들었다. 동시에 롤스는 생산 수단에 대한 개인 소유권과 방임적 의미의 계약의 자유는 절대적으로 중요시되는 '기본적인 자유'에 포함되지 않는다는 것을 명백하게 표현했다.[14]

정의의 원칙

롤스에 따르면 사회는 두 가지 기본 기능을 갖는데, 하나는 이해관계의 조화적 정착을 가능케 하고 장려하는 것이며, 다른 하나는 갈등을 해결하는 것이다. 이러한 기능을 이행하기 위해 '정의'의 개념이 필요한데, 이것이 '사회적 제도'의 첫 번째 요건이다.[15]

롤스는 재화의 배분에 대한 여러 대안적 방안 중에서 선택하고 합의하기 위해 기본적인 원칙이 필요하다고 보았다. 이것이 정의의 원칙인데, 이를 통해 사회의 기본적인 제도들에서 권리와 의무의 배분이 비로소 가능해지며 사회적 생활에서의 산출물과 부담의 올바른 분배를 확정한다는 것이다.[16] 롤스는 사회를 협력 체계(Cooperation System)로서 규정했고, 참여하는 개인들은 여기에서 가능한 한 가장 큰 효용을 끌어낼 수 있어야 한다는 것이다. 평등한 출발 상황에서 정의의 원칙이 확정되는 경우, 자유롭고 이성적인 사람이라면 이러한 사회 체계에 가입하려 할 것이라고 보았다.[17]

롤스는 그의 정의론을 다음의 요소들로 구성된 가상적인 원초적 상황의 기반에서 도출했다.

- 평등성: 누구나 그 원칙을 선택하는 데 동등한 권리를 갖는다.
- 구속성: 결정된(채택된) 원칙은 지켜져야 한다는 것에 누구나 동의한다.
- 무지의 장막: 원칙이 채택된 이후에 그 원칙으로 인해 새로 만들

어지는 사회 질서 속에서 자신이 어떠한 위치를 차지하게 될지 아무도 모른다.

- 중립성: 원칙을 채택하는 과정에서 모든 사람은 참여하는 다른 사람의 결정에 중립적이다. 즉, 영향을 미치지 못한다.
- 사회의 기본적 재화에 대한 인정: 권리, 자유, 기회, 소득과 재산 그리고 자기 존중이 가능할 수 있는 최소한의 사회적 기초 등이 여기에 해당한다.

롤스에 따르면 위의 기반이 존재하는 경우, 참여자들은 다음의 두 가지 원칙에 합의하게 된다. 롤스가 사회계약론의 전통에서 제시한 정의의 원칙이다.[18]

1. 모든 사람은 다른 사람의 자유와 양립할 수 있는 한에서 가장 광범위한, 자유에 대한 동등한 권리를 가져야 한다.
2. 사회적·경제적 불평등은 다음의 두 조건을 모두 충족할 수 있을 때에만 허용된다. a. 그 불평등성은 모든 사람에게 그 기회가 개방된 직위 및 직책에 대해서만 존재해야 한다. b. 사회에서 경제적으로 제일 열악한 사람의 경제적 상황을 가장 많이 개선해주어야 한다(차등의 원칙).

롤스의 정의의 원칙은 두 가지 원칙으로 구성되어 있는데, 그중 두 번째 원칙의 내용은 다시 둘로 나뉜다. 우선 제1의 원칙은 모든 사람이 누릴 수 있는 평등한 자유를 가능한 한 넓게 제공하는 것이 더 정의롭다는 내용이다. 다음으로 제2의 원칙 중 앞부분은 공직의 기회와 관련해 완전하고 실제적인 기회의 평등을 요구하고, 뒷부분은 최빈자의 최대 행복 원리로 알려진 '차등의 원칙(Difference Principle)'을 주장한다.

정의의 원칙을 프랑스 혁명의 세 가지 이념에 비추어 비교하면 '자유'는 제1원칙을 통해서, '평등'은 제1원칙과 제2원칙의 앞부분, 그리고 '연대(혹은 박애, 형제애)'는 제2원칙의 뒷부분, 즉 차등의 원칙을 통해서 추구할 수 있는 구조다.[19]

롤스는 이 두 가지 정의의 원칙에 다시 두 가지 우선 규정을 보완적 조건으로 제시했다.

1. 자유 우선의 규정: (정의의 원칙은 순서대로 적용되는 것이다.) 자유는 단지 그 제약이 전체 자유의 체계를 강화하고 모든 이가 이에 동의하는 경우에만 제약된다.
2. 정의 우선의 규정: 기회의 균등은 (기회의 불균등이 열악한 환경에 처한 사람의 상황을 개선하지 못한다면) 차등의 원칙보다 우선된다.[20]

롤스의 저서들에서 '정의의 원칙' 규정의 변화

두 가지 정의의 원칙의 문장을 구성하기 위해 롤스는 오랜 숙고 과정을 거쳤다. 오른쪽의 표에서 보여주는 바와 같이 롤스의 정의론에서 제시하는 정의의 원칙 규정은 《정의론》(1971)을 출간하기 13년 전에 쓴 논문 〈공정성으로서의 정의〉(1958)에 이미 약간 다른 형태로 나타났고, 《정의론》 이후 22년이 지나서 출간한 또 다른 저서 《정치적 자유주의》(1993)에서 소폭 수정되었다.

세 가지 저서 혹은 논문에서 제시되는 정의의 원칙 규정의 내용 변화는 크지 않다. 롤스의 정의의 원칙 규정에서 문장 구성의 변화는 원칙의 사회경제적 의미, 그 논리적 정당성의 입증과 설명을 위한 오랜 탐색과 분석의 과정에서 나온 것이다.

두 가지 변화가 눈에 들어온다. 첫 번째 변화는 롤스가 제2원칙의 내용을 1958년 논문에서는 허용되지 않는 불평등을 모든 이에게 도움을 줄 것으로 기대되지 않는 불평등(unless it is reasonable to expect that they will work out for everyone's advantage)으로 규정했다가 1971년의 저서에서는 경제적으로 가장 열악한 이의 상황을 가장 잘 개선하는(to the greatest benefit of the least advantaged) 불평등을 허용되는 불평등으로 규정했다는 점이다.[21]

두 번째 변화는 원칙들의 우선순위에 대한 것이다. 롤스는 1971년의 저서에서 제1원칙의 자유에 대한 내용을 제2원칙의

롤스의 저서에 나타난 정의의 원칙의 변화[22]

	자유에 대하여	평등에 대하여	기회 균등에 대하여	조정의 우선순위
〈공정성으로서의 정의〉(1958)[23]	모든 참여자는 다른 사람의 동등한 자유와 양립하는, 가장 광범위한 자유에 대해 동등한 권리를 가진다(Each person participating in a practice, or affected by it, has an equal right to the most extensive liberty compatible with a like liberty for all).	모든 이에게 유리하게 작용할 것이 모두 기대되지 않는 불평등은 자의적인 것이다(Inequalities are arbitrary unless it is reasonable to expect that they will work out for everyone's advantage).	불평등을 초래할 수 있는 직책이나 직책은 모두에게 개방된 것이어야 한다(The positions and offices to which they attach, or from which they may be gained, are open to all).	—
〈정의론〉(1971)[24]	모든 이는 다른 사람들을 위한 자유의 유사한 체계와 양립하는, 기본적 자유의 가장 광범위한 전체적 체계에 대해 동등한 권리를 가진다(Each person is to have an equal right to the most extensive total system of equal basic liberties compatible with a similar system of liberty for all).	사회와 경제의 불평등은 다음과 같이 작용하도록 조정되어야 한다(Social and economic inequalities are to be arranged so that they are both:).	가장 열악한 상황의 사람들에게 가장 큰 도움이 되고(to the greatest benefit of the least advantaged, and) 모두에게 공정한 기회를 제공하는 직위나 직책에 국한되어야 한다(attached to offices and positions open to all under conditions of fair equality of opportunity).	1>2, 2.1>2.2 (강한 우선순위)
〈정치적 자유주의〉(1993)[25]	모든 이는 다른 사람들을 위한 자유의 유사한 체계와 양립하는, 기본적 자유의 충분히 적절한 체계에 대해 동등한 권리를 가진다(Each person has an equal right to a fully adequate scheme of equal basic liberties which is compatible with a similar scheme of liberties for all).	사회와 경제의 불평등은 다음 두 가지 조건을 충족해야 한다(Social and economic inequalities are to satisfy two conditions).	불평등은 가장 열악한 상황에 처한 사람들에게 가장 큰 도움이 되어야 한다(They must be to the greatest benefit of the least advantaged members of society). 불평등은 모두에게 공정한 기회를 제공하는 직위나 직책에 국한되어야 한다(They must be attached to offices and positions open to all under conditions of fair equality of opportunity).	1>2, 2.1>2.2 (약한 우선순위)

내용보다 강한 우선순위의 규정으로 두었다. 1993년의 저서에서는 같은 규정(자유가 어떤 경우에도 다른 기본재의 배분보다 우선한다는 것)에 대한 아마르티아 센의 비판적 견해를 수용해 우선순위의 규정에 변화를 두었다.[26]

이 변화하는 정의의 원칙을 관통하는 롤스의 생각을 다시 정리해보면, 그 출발점은 자유롭고 합리적인(그러므로 이기적인) 인간이, 원초적인 상황에서(즉, 무지의 장막 뒤에서), 스스로와 사회의 다른 구성원이 향후 준수하고 지켜나가야 할 중요한 사회적 규칙에 대해(예를 들어, 소득의 분배에 중요한 영향을 미칠 조세 제도의 구조에 대해) 어떠한 선택을 할 것인지다. 롤스는 이들이 선택할 만한 규칙을 정의의 원칙이라고 부르며 두 가지를 제시한다. 하나는 기본적인 자유의 평등성이며, 다른 하나는 (부와 권력 같은) 사회와 경제의 불평등성은 그것이 모든 이에게, 특히 가장 열악한 사람들에게 도움이 되는 경우에만(그 정도까지만) 허용된다는 것이다.[27]

롤스는 이러한 생각을 다시 더 축약해서, 내용이 다소 불명확해지는 것을 감수하고 한 문장으로 표현하기도 했다. "모든 사회적인 가치들은—자유, 기회, 소득, 재산 그리고 자기 존중을 위한 사회적 기반들은—차등적인 배분이 모든 이들에게 이롭게 작용하지 않는다면, 균등하게 분배되어야 한다."[28]

정의의 원칙과 우발성

우발성

롤스의 정의론은 '무지의 장막'이라는 가정을 통해 원초적 상태의 사회 구성원이 사회의 기본적 규칙을 선택할 때 스스로를 위한 결정으로서 위험 기피적인, 강한 재분배적인 대안(차등의 원칙)을 고를 것이라고 말한다. 롤스의 정의론은 그러나 이러한 합리적 추론에만 근거하고 있지 않다. 소득이나 기회가 세상에서는 우발적 요인에 의해 결정되고 나뉘며, 그렇기에 이 결과를 그대로 수용하는 게 도덕적으로 적절치 않다는 생각이 더 중요했다.

롤스의 정의론에서 '우발성(Arbitrariness: 임의성, 독단성, 자의성)' 개념은 매우 중요한 키워드다. 우선 롤스는 봉건 사회에서 소득·재산·기회와 권력이 출생 신분에 따라 나뉘는 것을 불공정(Unfair)하다고 생각했다. 출생이라는, 개인이 선택할 수 없는 우발성에 따라서 사람이 각각 다른 신분의 가정(귀족 가문, 혹은 부유한 상인이나 평민 가정, 경제적으로 취약한 가정)에서 태어나고, 이로써 그의 운명이 결정되는 것은 누가 보아도 불공정하고 불합리하다.

롤스는 자유주의자들이 옹호하는 시장 경제 사회가 봉건 사회에서의 출생 신분으로 인한 우발성을 어느 정도 해결해주지

만, 시장 경제 사회에서도 기회가 모든 이에게 평등하게 열려 있
는 것은 아니라고 말한다. 시민에게 기본적인 자유가 주어지고
소득과 자산의 배분이 시장에서 결정된다고 하더라도, 이 자유
는 법 앞의 형식적인 자유에 지나지 않는다. 부유한 가정에서 지
원받으며 좋은 교육 기회를 누린 사람은 그렇지 못한 사람에 비
해 자유로운 시장 경제 사회에서도 매우 유리하게 경쟁할 수 있
다. 경주에 참여할 수 있다는 것은 그나마 좋은 일이지만, 주자
들에게 각각 다른 출발 지점이 배정된다면 그 경주도 공정하다
고 보기 어렵다. 자신이 태어날 가정을 개인이 스스로 선택하는
것이 불가능하니 롤스는 자유로운 시장 경제 사회에서도 소득이
나 재산이 우발성에서 자유롭다고 보기 어렵고 불공정하다고 생
각했다.[29]

능력주의 문제

자유 시장 경제의 불공정성을 해결하는 방안은 개인의 사회경제
적 불리함을 교정해주는 일이다. 이렇게 한다면 공정한 능력주
의(Meritocracy) 사회가 만들어지고 형식적인 기회의 평등을 넘어
서게 될 것이다. 가족이나 소득 수준에 상관없이 인생의 출발 시
점부터 보육, 교육, 보건 서비스를 제공해 개인이 직업의 출발선
상에 동일하게 설 수 있도록 해주는 환경을 국가가 제공한다면,

이후에 벌어지는 일과 소득의 격차는 전적으로 개인의 몫이라는 것이다. 이 경우 승자에게 공정성의 문제를 제기해서는 안 된다. 능력주의 입장에서는 이렇게 보고 있다.

롤스는 능력주의를 통해 시장 경제 사회의 문제가 일부 해결되지만, 능력주의 사회도 충분히 정의롭다고 보기는 어렵다는 견해를 취한다. 동일한 출발선상에서 경주가 이루어져도 빠른 주자가 이기기 마련이다. 누구나 빠른 주자가 되기를 원하겠지만, 이것도 개인이 선택하고 노력한다고 해서 이루어지는 일은 아니라는 것이다. 출발선상의 동일한 환경을 사회 구성원에게 제공하기 위해 국가가 수행해야 하는 수많은 일이 성공적으로 이루어질지에 대한 논의는 다른 기회에 하기로 하자. 사람들의 사회경제적 불리함을 교정해주는 일이 성공적으로 이루어진다 해도, 여전히 개인에게 시장에서 나누어지는 소득과 자산은 다시 또 능력과 재능이라는 자연이 제공하는 우발적 요소의 배분에 의해 결정된다는 것이 롤스의 생각이다.[30] 롤스는 역사적인 그리고 사회적인 행운에 의한 것보다 자연적인 행운에 의한 소득과 자산의 배분이 더 합리적일 것이라고 볼 하등의 이유가 없다(There is no more reason to permit the distribution of natural assets than by historical and social fortune)고 생각했다.[31]

"자연적인 행운은 정의로운 것도, 정의롭지 않은 것도 아니다. 사람이 사회의 어떤 특별한 위치에 태어난 것도 정의롭지 못하다고 말할 수는 없다. 이는 다만 자연적인 사실일 뿐이다. 정의롭거나 정의롭지 못한 것은 이러한 사실에 대한 사회적 제도들의 태도일 뿐이다. 이 사회의 기본적 구조는 이러한 자연의 우발성을 받아들이고 있다. 그러나 인간은 이러한 우발성에 복종해서는 안 된다. 사회 제도는 고정된 질서가 아니며 변화시킬 수 있다. 공정성으로서의 정의로움은 자연과 사회의 우발성을 공공의 복지에 도움이 되는 한도 내에서만 받아들인다."[32]

롤스는 결국 능력주의적 관점의 정의로움에 대한 개념도 자유주의적·시장주의적 개념과 마찬가지로 우발적으로 주어지는, 본인의 노력과는 상관없는 행운적 요소에 의해 분배가 결정된다는 점에서 차이가 없다고 결론지었다(From a moral standpoint the two seems equally arbitrary).[33]

개인이 기울이는 노력에 대하여

롤스는 사람들의 재능이 자연으로부터 부여받은 것이지 스스로의 것이 아니라는 이유로 능력주의적 정의관을 받아들이지 않는다. 그렇다면 자신의 능력을 다듬고 고양하기 위해 애쓰는 사람들의 노력은 무엇이란 말인가? 과학과 기술과 예술과 운동에서 큰 성공을 거두고 경제적 보상을 얻은 사람들이 바친 열정과 땀은 무엇인가? 그러한 노력은 도덕적 관점에서 보더라도 보상받아야 마땅하지 않을까?

롤스는 그들이 기울인 노력조차도 좋은 교육의 결과라고 보았다. 노력하려는 의지, 인내심을 가지고 해내려는 성품 그 자체가 행복한 가정과 사회 환경에서 만들어진다는 것이다.[34] 사람들이 기울이는 노력은 그의 타고난 능력과 기술, 그리고 그에게 열려진 대안들에 의해 영향받으며 재능이 많을수록 (다른 조건이 같다면) 더 의식적으로 노력하게 된다는 것이다(The better endowed are more likely, other things are equal, to strive conscientiously).[35]

이 내용이 일반적으로는 사람들에게 잘 수용되지 않는 것으로 보인다. 특히 성공한 사람들, 아직 젊으며 좋은 교육을 받았고 미래가 열려 있는 사람일수록 롤스의 이러한 관점을 받아들이지 못하는 경향이 강하다. 샌델의 경우도 하버드 대학에서 학생들에게 롤스의 정의론을 소개할 때 롤스의 이러한 관점이 옳다고 생각하면서도 학생들이 이를 받아들이기 어려워하는 것에 곤혹을 느꼈던 것으로 보인다.[36]

노력하려는 의지 그 자체가 행복한 가정과 사회 환경에서 만들어진다는 롤스의 생각을 뒷받침할 수 있는 몇 가지 예를 찾아보자. 우선 샌델은 하버드 대학 입학생 가운데 형제자매 중 먼저 태어난 사람의 비율이 75~80퍼센트라는 비공식 수치를 제시했다. 형제자매 중 먼저 태어난 이들이 더 노력하고 애쓰는 경향이 강하다는 심리학자들의 연구 결과도 제시하면서, 그렇게 먼저 태어나는 것을 사람이 선택할 수 없으니 더 열심히 노력하려는 인생의 자세 역시 결국 그 사람 스스로의 기여에 의한 것은 아니라고 설명한다.[37]

좀더 넓은 의미에서 뛰어난 성과를 보인 개인의 성취가 재능과 노력에 의한 것이라기보다 우연적으로 이루어진 것이라는 분석과, 특정한 직업군에서 이러한 분석 내용을 어떻게 수용하는지에 대한 대니얼 카너먼(Daniel Kahneman)의 설명을 살펴보자.[38] 심리학자이면서 노벨 경제학상을 수상한 바 있는 카너먼은 우선 월스트리트 직업 투자자들을 (그들이 특정 연도에 얻은 높은 투자 수익률 성취는 우연적 요인에 기인한 바가 크다고 분석했을 때) 이 내용을 수용하길 가장 강하게 거부하는 직업군으로 들었다.[39] 다음으로 카너먼은 이스라엘의 전투 비행사들을 예로 들면서 그들의 높은 격추율 성과가 우연적 요인에 기인한다는 분석을 가장 잘 수용하는 직업군으로 들었다.[40] 이러한 수용성 차이는 특정 직업군에게 그들의 성취에 대한 대가로 주어지는 보상이 얼마나 높은지와 깊은 관련이 있는 것으로 보인다. 자신들이 받는 높은 보상을 우연적 성취에 대한 것이라고 설명하는 분석 내용을 받아들이기는 쉽지 않을 뿐 아니라, 미래에 계속될 보상에 대한 부정적 영향을 고려할 수밖에 없을 것이다.

개인의 성취에서 기울인 노력이 중요하다고 주장하는 사람들은 실제로 현실에서 노력을 많이 기울였으나 성과는 초라한 사람에 대해 사회가 어떻게 대우하고 있는지 그리 관심이 많지 않다. 우리는 많은 경우 성과가 좋으니 노력을 많이 했을 것이라고 말한다. 성과로 노력을 평가하는 것이다. 그러나 두 가지는 구별이 충분하게 가능하다. 사회에는 노력은 많이 기울이지 않았으나 성과는 높은 사람이 있고, 반대로 노력은 많이 기울였으나 성과는 크지 않은 사람이 있다. 예를 들어, 열심히 노력했으나 성공하지 못한 수많은 프로 스포츠맨을 달리 어떻게 볼 것인가? 이들이 노력하지 않아서 성공하지 못했다고 말할 것인가? 성과와 상관없이 기울인 노력 수준에 비례해 보상을 제공하는 것도 사회가 택할 수 있는 대안은 아닌 것이다.

정의의 원칙의 논리적 구조와 정당성 입증

롤스 정의론의 논리적 구조

롤스는 사회계약론적 입장에서 제도나 정책을 두 가지 차원으로 구별한다. 우선 사전적 차원(Ex ante Level)의 결정이다. 입법 기관의 구성원은 예를 들어 최적 조세 제도에 대해 결정하는데, 이 경우에 그들은 납세자가 개별 조세를 전가하는 방법과 초과 부담 등에 관해 광범위한 정보를 소유하고 현실 세계의 경제 구조를 매우 잘 알고 있다. 그러나 현실 세계에서 본인이 어떠한 위치에 처하게 될지는 모른다. 즉, 그들은 무지의 장막 안에서 결정해야 한다는 것이다.

이와 달리 사후적 차원(Ex post Level)의 결정이란, 이 불확실의 장막이 사라지고 모든 구성원은 현실 사회에서 자신의 위치를 가지며, 이 상황에서 제도에 대해 결정하는 것을 말한다. 예를 들어, 사람들은 큰 재산의 상속자이기도 하며 또 무주택자일 수도, 거액 연봉의 프로급 운동선수 혹은 장애인일 수도 있다. 모든 사람은 입법 기관에서 결정한 세법에 의거해 세금을 내거나 보조금을 받는다. 이들은 현실에서 자신이 처한 경제적 상황을 의식하는 상태에서 사회적 제도에 대해 입법 기관의 구성원으로서 결정하는 것이다.

사회계약론적 관점에서 볼 때, 개인이 사전적 차원에서 결정하는 조세 제도가 정의롭다는 것이다. 무지의 장막 안이라는 상황에서 하는 판단은 자신의 경제적 이해관계와 무관한 중립적인 결정이므로 공정하다는 것이며, 공정하게 결정한 결과라야 정의로울 수 있다는 것이다. 롤스《정의론》의 첫 챕터 제목이 바로

'공정성으로서의 정의'다.

사후적 차원의 결정은 공정성의 목표와 충돌한다. 왜냐하면 사전적 차원의 결정에서 사회 구성원이 분배를 많이 하는 조세 제도를 선택했다고 해도, 사후적 차원의 결정에서는 자신의 현실에서 경제적 위치를 알기 때문에 그들은 가능한 한 자신에게 돌아오는 세 부담과 그 혜택을 비교하면서 자신에게 유리한 조세 제도가 사회에 채택되도록 노력할 것이고, 이 때문에 공정성 조건은 파괴되고 만다.

이 규범의 의미는 당신이 가난해질지 혹은 부자가 될지 (혹은 미혼모가 될지, 가정을 이룰지, 근로 소득자가 될지, 자영업자가 될지) 모르는 상태에서라도 당신이 기꺼이 선택하게 되는 조세 제도가 있다면 이것이 정의로운 것이며, 이를 도덕적으로 지원하라는 것이다.[41]

입법 기관 구성원의 위험 성향이 중립적이면 그들은 세금 부담이 모든 사람에게 균일한 인두세를 선택할 것이다. 왜냐하면 그들은 인두세가 초과 부담을 야기하지 않는다는 사실을 잘 알기 때문이다.[42] 그러나 이 경우 위험 성향이 중립적이라는 가정은 매우 비현실적이다. 행위경제학의 분석 결과에서 사람들의 행태를 보면, 적은 금액을 거는 복권 등의 경우 사람들은 위험 중립적 혹은 위험 선호적일 수조차 있다. 그러나 자신의 생존과 관련된 경우에 모든 사람은 (유전적으로) 위험 기피적이다.[43] 따라서 입법 기관의 구성원은 그것이 비효율적인 제도처럼 보인다는 것을 알면서도 재분배 모델을 선택한다. 이는 그들이 이러한 조세 제도의 보험적 성격을 파악하고 있기 때문이다. 여기에서 발생하는 효율성의 손실은 보험 혜택을 위한 보험료에 해당하는 것이다.[44]

엄밀하게 말하자면, 이러한 비용은 보험 혜택을 얻기 위해 자발적으로 지불하는 대가이므로 효율성 조건을 해치지 않는다. 자유주의적 사고에 입각하면 개인이 자발적으로 행한 결정은 항상 효율적인 결정이다. 개인의 효용에 대해 자기 자신이 제일 잘 알기 때문에 개인이 스스로를 위해 자발적으로 행한 결정과 그에 기초한 거래야말로 가장 효율적이라는 것이다.

다시 말하자면 롤스의 정의의 원칙에서 말하는 차등의 원칙은, 즉 강한 재분배적 입장은 효율적이면서도 공평하다. 그러므로 정의로운 것이다. 결국 롤스는 자유주의적인 논리의 연장선에서 자발적으로 이루어지는, 즉 공평성과 효율성이 상충되지 않는 새로운 관계(정의로움)를 찾아냈고, 이것이 그가 말하는 정의의 원칙이다.

롤스적 입장이 분배적으로 충분치 않다고 보는 시각도 존재한다. 롤스의 차등의 원칙은 최빈자(소득 최하위 계층)의 후생 수준이 소폭이라도 증가한다면 소득 상위 계층의 후생 수준이 대폭 증가해도 좋다는 시각이다. 롤스는 최빈자 계층이 경제적으로 나아지는 것만을 중요시한다. 상대적인 경제적 수준이 문제가 아니라 절대적인 경제적 수준이 중요하다고 보는 것이다. 행복의 경제학(Economics of Happiness) 분야의 연구 결과는 상대적 빈곤이 삶의 질(혹은 만족도, 행복)을 결정하는 중요한 요인임을 밝히며, 절대적 수준은 큰 의미가 없다고 본다. 상대적인 경제적 수준의 문제도 무시할 수 없다는 것이다.

행복의 경제학 연구 결과[45]: 행복의 역설(Happiness Paradox)

개인의 객관적 경제력(소득)과 주관적 행복도의 관계는 아마도 많은 사람이 궁금해하는 내용일 것이다. 이 두 가지 변수 사이의 관계에 대한 큰 관심에도 불구하고 연구 결과는 지금까지 사람들의 궁금증을 풀어주지 못하고 있었다. 이는 행복이라는, 개인의 주관적 느낌을 객관화하고 추정하는 어려움에서 기인한 것이다. 그러나 오랜 기간 조사 결과가 누적되면서, 이 객관화의 어려움에도 불구하고 경제력과 행복도 관계의 장기적 추세에 대해서는 신뢰성 있는 추정이 가능해졌다. 이 분야의 중요한 연구 결과를 요약하면 다음과 같다.

1. 국별 비교: 부자 나라의 사람들이 가난한 나라의 사람들보다 평균적으로 행복하다. 단, 연구에 따라 다르나 대체로 개인의 연소득 1만 2000~1만 5000달러 수준까지만 그러하며, 그 이상의 수준에서는 소득과 행복의 상관관계가 거의 없다.
2. 시계열적 비교: 선진국을 기준으로 한 나라의 경제력 증가는 그 나라 사람들의 행복도 향상을 지속적으로 가능하게 하지 못하며, 단지 일시적으로만 유지된다.
3. 특정 시점/특정 나라에서 부자는 빈자보다 평균적으로 행복하다.

시사점: 빈곤한 수준을 충분하게 벗어난 한 사회 내 사람들의 행복도는 결국 그 사회 내에서 개인의 절대적 소득 수준이 아니라 상대적 수준에 좌우된다. 다시 말하자면, 경제의 성장이나 발전 속도가 중요한 것이 아니라, 분배의 적절성이 행복도에 더 유효하게 기여한다는 것이다.

차등의 원칙: 왜 가장 열악한 사람인가

한 사회에서 최빈자란, 단 한 사람을 말하는 것이라고 보아야 할까, 아니면 한 계층으로 보아야 할까? 규모가 어느 정도 되는 사회에서 단지 최빈자 한 사람만을 염두에 두면서 그를 기준으로 사회 제도를 정의롭게 만들어가는 것이 가능하며 또한 바람직할까? 한 계층으로 본다면, 소득 10분위에서 1분위를 기준으로 할 것인가? 소득 3분위에서, 혹은 소득 2분위에서 1분위를 기준으로 할 것인가?

롤스는 차등의 원칙에서 가장 열악한 사람(Person)의 상황을 중심으로, 그의 경제적 여건을 개선하는 데 기여하는 경우에 한해, 거기까지만 불평등을 허용할 수 있다고 했다. 그때의 사람(Person)은 개인이기도 하지만 그룹이기도 하다고 말했다. 롤스는 더 나아가 《정의론》에서 이 개인 혹은 그룹은 특정한 사회적 위치의 사람들을 기준으로 생각할 수도 있고, 또 소득의 상대적 위치로 구분할 수도 있다고 설명했다. 특정한 사회적 위치에 있는 사람들이라면 미숙련 노동자를 그러한 사람들로 파악하고, 차등의 원칙에서 말하는 가장 열악한 환경의 사람을 미숙련 노동자의 소득 수준에 미치지 못하는 사람들을 포괄하는 개념으로 파악했다. 다른 한편, 소득의 상대적 위치를 기준으로 파악하는 경우에는 소득 하위 25퍼센트(즉, 중위 소득 50퍼센트 수준)의 그룹을 의미한다고 명백하게 밝혔다.[46]

그렇다면 롤스는 사회에서 하위 25퍼센트 계층의 경제 여건을 개선하는 것만이 중요하다고 생각했을까? 롤스는 정의의 원칙을 설명하는 과정에서 연쇄적 연결(Chain Connection)이라는 용어와 도식을 활용하면서 경제적으로 가장 열악한 사람의 여건이 개선되는 경우, 자연스럽게 그보다 상위 계층에 속하는 사람들의 경제 여건도 개선된다고 보았고,[47] 이러한 문장 표현을 선택한 이유는 그것이 정의의 원칙을 간결하게 표현하기에 더 적합하다고 보았기 때문이라고 설명했다.[48]

롤스가 이런 표현을 한 의도는 위에서 제시한 표 〈롤스의 저서에 나타난 정의의 원칙의 변화〉에서도 찾아볼 수 있다. 《정의론》을 출간하기 13년 전에 쓴 논문 〈공정성으로서의 정의〉에서 롤스는 두 번째 정의의 원칙 앞 문장에서 불평등이 모든 이에게 도움이 되지 않는다면 정의롭지 못한 것(즉, 우발적인 것: Inequalities are arbitrary unless it is reasonable to expect that they will work out for everyone's advantage)이라고 함으로써 그 의도를 명확하게 드러냈다.

롤스의 《정의론》에서 경제적 인센티브에 대한 고려

차등의 원칙은 사회에서 경제적으로 제일 열악한 사람의 경제적 상황을 가장 잘 개선하는 사회적 제도가 가장 정의로운 제도라는 것이다. 명확한 예로서 조세 부조 제도(Tax-Transfer-System)를 살펴보면, 이러한 제도의 '정의로운' 실현은 그러나 소득 분배를 완전하게 실현해 세후 소득을 동등하게 하는 조세 부조 제도를 의미하는 것이 전혀 아니다. 이러한 사회에서는 근로 의욕과 소득은 사라지고 결과적으로 최빈자의 소득도 같이 낮아지기 때문이다.

즉, 롤스가 말하는 정의로운 제도는 적절한 수준의 경제 활동에 대한 인센티브가 작동해서 사회 구성원이 스스로를 위해 노력하기 때문에 사회 전체의 경제 수준이 발전하고 필연적으로 사회 구성원 간의 소득 격차도 발생하게 되는데, 그 소득 격차는 그 차이가 최빈자의 소득에 기여하는 정도까지만 인내된다. 그 격차의 존재가 사회 전체의 경제 수준을 발전시켜서 최빈자에게 돌아가는 소득 분배의 수준이 소득 격차가 낮아서 발전 유인이 없는 나라에서 최빈자가 누리는 소득 수준보다 높은 경우 그 소득의 격차는 용인되고 필요하다. 그러나 소득 격차가 있는 사회에서 경제적 유인으로 인해 사회 전체의 소득 수준은 향상해도 최빈자의 소득 수준을 높이는 데 기여하지 못하는 발전은 그리고 격차는 정의롭지 못한 것이라고 롤스는 주장한다.

보상의 차별성이 지나치게 낮으면 인센티브가 작동하지 않아서 경제 발전이 낙후되고 빈자들의 경제 상황에도 부정적으로 작용할 것이라는 점은 비교적 명확하다. 다만 보상의 높은 차별성이 빈자들이 시장에서 재화와 서비스를 구매해야 하는 지불 가격을 높게 만들고, 빈자들에게 제공되는 공공의 부조가 낮아지는 것과 연결되어 형성되는 경우가 많은 것도 경험적으로 부인하기 어렵다.[49] 보상의 차별성이 작용하는 방식, 작동하는 정도도 사회경제적 환경에 따라 다른 점이 있다.

롤스의 차등의 원칙은 사회의 기본적인 구조에 대한 것이다. 사회가 권리와 의무, 소득과 자산, 그리고 권력과 기회를 구성원들 사이에서 나누는 방식에 대한 것이다. 만약에 사회가 누진적인 과세 제도를 통해 부자들에게 과세하고, 이로써 빈자들에게 의료와 교육과 복지를 제공한다면, 이로써 빈자들의 환경이 완전하게 소득이 균등한 사회의 경우보다 나아진다면, 그런 사회에서 보상의 차별은 차등의 원칙에 부합한다는 것이다.[50] 이러한 체계에서 보상의 차별이 얼마나 심한지는 상관이 없다. 결과적으로 빈자들의 경제 환경이 더 나아지는 것만이 중요하다.

롤스는 또한 차등의 원칙은 원칙의 차원에서 논리성이 입증된 것이며, 그 원칙의 구체적 실현은 항상 현실 정치적인 판단에

따르는 것이라고 명백하게 밝혔다.[51]

정의의 원칙과 논리적 정당성의 입증: 차등의 원칙, 왜 사회계약론에서 출발하나

롤스는 사회계약론(Original Situation)의 한 단계 더 높은 추상화와 일반화를 통해 정의의 원칙의 논리적 정당성을 확보하고자 했다. 롤스는 그 안에서 도덕적으로 올바를 수 있는 기본 원칙이 결정되도록 원초적 상황을 설정했다. "즉, 원초적 상황은 그 안에서의 합의가 공정한 내용이 도출되도록 정의된 것이다."[52] 원초적 상황에서는 도덕적인 주체들만 존재하며 합의된 결과는 사회의 권력관계로부터 영향받지 않는 성격의 것이다. 그리하여 정의론은 시작부터 절차적·과정적 정의의 개념을 사용하고 있는 것이다.[53]

분명한 점은 원초적 상황은 현실이 아니라는 것이다. 현실에 근접할 필요도 없는 것이다. 그러나 그 상황의 조건을 활용함으로써 참여했을 만한 당사자들의 생각을 의식적으로 재현시킬 수 있다. 원초적 상황에 대한 설정을 통해 사람들의 도덕적 판단과 정의로움에 대한 감각을 설명하는 것이다.

원초적 상황에서 사람들은 희소한 사회적 재화의 분배에 대해 (강하지 않은 수준으로) 경합하는 것으로 설정되어 있다.[54] 사람들은 합리적이며 이해관계를 가진다. 즉, 이기적이다. 그리고 시기심으로부터는 자유롭다.[55] 이렇게 설정된 원초적 상황은 이를 통해 합의되는 내용이 정의로운 원칙이 되도록 만드는 공정한 과정을 제공한다. 이를 위해 합의 당사자들은 무지의 장막 뒤편에 위치해야 하는 것이다.[56]

무지의 장막의 가정에서 사람들은 여러 가지 원칙의 대안이 자신의 경제적 이익에 어떻게 작용할지 모른다. 그러기에 그 원칙을 단지 일반적인 관점에서 판단해야 하는 것이다. 무엇보다 그들은 자신의 위치에 대해, 자신의 신분이나 사회적 위상에 대해 모르는 상황이며 자신에게 자연이 제공하는 재능이나 지적·육체적 능력에 대해서도 모르는 상황이다.[57] 이것이 전제되어야 무지의 장막 뒤에서 이루어진 사회적 합의가 개인들의 특정한 이해관계로부터 자유로운 결정이라는 정당성을 확보할 수 있는 것이다. 정의의 원칙이 자신의 이익에 도움을 주는 방향으로 결정되도록 개인들이 영향력을 행사할 수가 없는 것이다.

그러나 이들은 인간으로 이루어진 사회의 일반적 상황에 대해서는 알고 있다. 이러한 지식에는 일상 생활을 통해 습득되는 정치적인 문제나 혹은 일반적으로 인정되는 분석 방법을 통해 취득할 수 있는 수준의 기초적인 경제 이론 지식, 그리고 사회의 조직이나 개인의 심리적 법칙 등도 포함된다. 즉, 그들은 정의의 원칙에 대한 합의를 위해 필요하고 의미가 있는 사실에 대한 지식을 충분하게 갖추고 있다.[58] 이것이 전제되어야 무지의 장막 뒤에서 이루어진 사회적 합의가 현실적이며 실현 가능한 대안이라는 정당성을 확보할 수 있는 것이다.

원초적 상황(무지의 장막의 가정)에서 정의의 원칙에 대한 합의에 참여하는 사람들이 갖는 지식을 이렇게 제한하는 것은 매우 중요한 의미가 있다. 이런 도움 없이는 정의의 원칙은 성립 불가능하다.[59] 이러한 가정에서는 매번의 합의에서 항상 동일한 정의의 원칙이 도출된다.[60] 이들에게 스스로의 사회적 상황에 대한 지식이 허용된다면 결과는 우연적이고 우발적인 사실에 의해 왜곡된다.[61] 그렇게 되면 결과도 (가정적이지만) 매번의 합의에서 항상 달라질 것이다.

롤스는 이러한 원초적 상황에서 합의를 위해 모인 사람들(스스로를 위해 유리한 결정을 내릴 방법이 없으며, 불리한 결정을 감수할 이유가 없는)이 정의의 원칙의 첫 단계에서 도출할 수 있는 가장 합리적인 합의는 균등한 분배를 요구하는 것이라고 생각했다. 당사자들은 모두에게 평등한 기본적인 자유와 기회의 균등 그리고 소득과 재산의 균등한 분배에 합의한다는 것이다.[62]

그러나 롤스는 평등한 기본적인 자유와 기회 균등의 원칙은 확고하게 계속 유지하더라도 그 외의 원칙은 초기의 합의에 계속 머무를 이유는 없다고 보았다. 사회는 경제 효율성과 조직 그리고 기술적 진보의 측면을 감안해야 한다.[63] 만약 소득과 재산 그리고 권한과 책임의 불평등이 존재하며, 이것이 모든 사람에게 최초의 합의 상황보다 경제적으로 유리하게 작용하는 방향으로 이끈다면 이를 허용하지 않을 이유가 없다는 것이다.[64] 잊지 말 것은 무지의 장막의 가정에서 합의 당사자들은 시기심을 갖지 않는 것으로 설정되었다는 점이다.

롤스의 정의의 원칙이 갖고 있는 보완적 조건인 자유 우선의 규정은 기본적인 자유와 관련해서는 차등의 원칙에 우선한다. 즉, 경제적인 상황이 개선되더라도 이 때문에 자유의 수준이 후퇴하거나 불균등해지는 걸 감수하는 것은 정의의 원칙에 어긋난다.[65]

롤스는 정의의 원칙이 불확실성이 높은 상황에서 정의로움의 가장 간략한 형태라고 본다.[66] 정의의 원칙을 통해 합의 당사자는 그들의 기본적 자유를 확실하게 확보할 뿐 아니라, 발생할 수 있는 가장 좋지 않은 상황에 대해서도 대비할 수 있는 것이다. 그들은 인생에서 언젠가 다른 사람이 크게 유리한 경제적 이익을 취할 수 있도록 자신의 자유를 포기해야 하는 참기 힘든 위험에서 벗어날 수 있다.[67, 68] 정의의 원칙은 또한 사회 구성원이 서로에게 기대고 더불어 살기에 좋은 사회 분위기를 만들고,

이러한 사회 분위기에 잘 어울린다고 보았다. 사람들의 자기 존중적 태도에 부응하고 사회적 협업의 성과를 높여주는 효과도 기대된다는 것이다.[69]

정의의 원칙은 사회의 기본 구조에서 인간이 수단이 아니라 그 자체가 목적으로 여겨져야 한다는 사람들의 바람을 반영한 것이다.[70]

후생경제학과 롤스 정의론

정의론과 공리주의 그리고 후생경제학

롤스는 자신의 정의론을 통해 당대를 지배하던 혹은 여전히 세계를 지배하고 있는 이념인 공리주의 정의관의 문제점을, 그리고 나아가서 후생경제학적 태도의 문제점을 지적하고자 했다. 롤스는 벤담과 밀이 주창하고 전파한 공리주의적 사고가 현재의 후생경제학에도 여전하게 영향력을 발휘하고 있다고 본다. 후생경제학은 주류 경제학의 이론적 골격이며 철학이라고도 할 수 있다. 롤스는 중요한 공리주의자의 반열에 벤담과 밀에 더해 고전파 경제학자 애덤 스미스를 추가한다.[71]

롤스는 효율성을 '정의'로 생각하는 공리주의 정의관의 문제를 지적한다. 공리주의는 개인을 고려하지 않고 사회 전체 효용의 합의 극대화를 주창하는 것이다. 개인들의 효용의 합산을 중심으로 생각하는 것은 결국 효율성의 잣대가 기준인 것이며, 공공 지출을 위한 재원 마련에서 효용과 부담을 공정하게 나누어야 한다고는 생각하지만, 분배의 문제는 생각하지 않는다는 것이다. "공리주의 정의관의 놀라운 속성은 사회에서 만족의 합이 개인들에게 어떻게 나누어지는지가 역할을 하지 못하거나 아주 간접적으로만 역할을 한다는 것이다."[72] "사회는 재화를, 권리와 의무, 기회나 특권, 혹은 여러 형태의 부를, 이 합의 가능성이 최대치가 되는 상황을 기준으로 나누는 것이다."[73]

최대 다수의 최대 행복, 즉 사회에서 개인들의 만족의 합을 정의로움의 기준으로 추구하는 경우, 극단적인 예를 들어 노예제 같은 중요한 인권 문제를 안고 있는 제도조차도 사회의 만족의 합이라는 기준에서는 용인될 수 있다.[74] 공리주의자들 그리고 애덤 스미스도 노예제를 부인한다. 하지만 이들은 노예제가 비용 비효율적이라서 부인하는 것인데, 롤스는 노예제 같은 사안은 장단점이나 비용과 효용을 비교할 사안이 아니라고 말한다.

공리주의는 정의를 원칙적으로 효율성의 문제로 생각하며 비용과 효용을 재서 판단하려는 태도를 보여주는데, 현재의 후생경제학 그리고 주류 경제학도 이와 같은 입장이라는 것은 주지의 사실이다. 분배의 현실적 문제가 경제학에서 분석의 대상이 아닌 것은 아니지만, 현실 정책적 요구가 큼에도 불구하고 후생경제학에서는 분배 문제를 가치 비중립성의 문제, 개인이 누리는 효용 수준의 측정과 비교 불가능성의 문제를 들어 피하고 있는 것이다.

후생경제학의 롤스 정의론 수용

후생경제학은 롤스의 정의의 원칙의 내용을 축소하고 왜곡해서 받아들이고 있다.[75] 롤스가 묘사하는 무지의 장막 뒤의 참여자는 전형적인 경제적 행위자들(Traditional Economic Agents)이다. 그들은 합리적이다. 다른 이에 대한 시기심 없이 스스로의 경제적 이해만을 추구하며 현실 세상에서 경제가 작동하는 방식에 폭넓은 지식을 가지고 있다.[76] 주목할 것은 무지의 장막의 원초적 상황에서 참여자들의 의사 결정의 기본 원칙이 파레토 원칙이라는 것이다. 롤스의 무지의 장막의 가정에서 참여자들이 스스로를 위해 만장일치로(Unanimously) 정의의 원칙에 합의하는 것은, 혹은 만장일치로 합의할 만한 것을 정의의 원칙의 내용으로 확정하는 것은 파레토 효율성 기준에 상응하는 것이다. 롤스는《정의론》에서 이를 명시적으로 밝히고 있다.[77]

　　주류 경제학의 경제학 교과서에서 다루는 롤스의 사회후생함수는 개인들의 효용 수준에 다양하게 가중치를 주는 일반적인 사회후생함수 중 하나의 특별한 형태로서 사회적으로 가장 열악한 사람에게 모든 가중치를 부여하는 것으로 표현된다. 이것이 주류 경제학이 롤스의 정의의 원칙을 바라보는 모든 것이다. 주류 경제학이 바라보는 롤스의 사회후생함수는 롤스의 정의의 원칙의 한 부분인 차등의 원칙을 의미적으로 잘 반영하고는 있다. 그러나 롤스의 차등의 원칙이 말하고자 하는 내용을 주류 경제학은 이질적이고 전혀 차원이 다른 맥락에 투입하고 있는 것이다. 무지의 장막이나 원초적 상태의 설정이 어떠한 의미를 가지고 있는지 거의 다루지 못하거나 피상적으로만 다룰 뿐이며, 롤스의 정의의 원칙을 다만 차등의 원칙으로만 좁게 해석하고 있는 것이다. 롤스가 그토록 강력하게 극복하고자 하는 주류 경제학의 남아 있는 공리주의적 잔재의 틀에 롤스의 정의의 원칙을 다시 가두는 모습을 보여주는 것이다.[78]

롤스의 정의의 원칙은 후생경제학이 말하는 사회후생함수에 표현해 담기에 적절치 않다. 근본적 차이가 있기 때문이다. 우선 후생경제학에서 개인의 효용은 서수적이며(Ordinal) 상호 간에 비교가 불가능하다. 이와 달리 롤스는 개인들 간의 상호 비교가 가능한 상황이 되도록 의식적으로 많은 노력을 기울였다. 롤스가 사회적 기초재(Primary Social Goods) 개념을 사용한 것은 이 때문이다.[79] 개인들 간의 주관적 효용은 비교하기 어렵더라도 누리는 기초재(예를 들어, 소득이나 재산)의 수준은 비교가 가능하기 때문이다. 정의롭게 나누어진 기초재를 통해 어떤 효용을 도출해내는지의 문제는 개인들 영역의 문제로 남겨두어야 한다는 것이 롤스의 생각이다. 롤스의 가정이 그가 필요로 하는 것보다 너무나 강력했다는 주류 경제학의 비판은 유지될 수가 없는 것이다.[80]

차등의 원칙은 무지의 장막의 가정적 상황에서 대표적인 개인들이 기대하는 것을 말한다. 롤스의 핵심 관건은 이를 통해 사회적 제도를 어떻게 구조화해야 하는지를 도출하고자 하는 것이다. 후생경제학은 그런데 이와 달리 모든 정보를 가진 현실 세계 사람들이 기존에 존재하는 사회적 제도의 환경에서 개인들 사이에 자원이 어떻게 분배되어야 할지 해를 구하려는 것이다. 그 차이는 매우 결정적인 것이다.[81] 롤스는 현실에서 모든 정보를 가진 사람들 간의 만장일치(Unanimity), 즉 파레토 원칙을 충족하는 정의의 개념은 매우 약하고 의미 없는 것(would indeed be weak and trivial)으로 여겼다.[82]

롤스의 정의의 원칙에는 우선순위가 존재한다. 차등의 원칙은 제2원칙의 한 부분으로서 제1의 원칙과 비교해 후순위에 있다는 점을 간과해서는 안 된다. 사회의 자원은 제1원칙의 실현을 위해, 즉 기초재 등과 관련해 모든 이에게 평등한 자유의 수준이 가능한 한 확대되도록 우선적으로 배분해야 하는 것이다. 차등의 원칙은 그다음 순위에 해당한다.

　롤스의 정의의 원칙에 대한 주류 경제학의 일반적 평가와 달리 롤스의 작업은 큰 의미를 가지는 것이다.[83] 정책 현실에서의 파레토적 해결 방식의 문제를 지적한 것은 매우 중요하다. 파레토적 해결 방식은 공식적으로 만장일치의 동의를 구해야 하는 것이기 때문에 이미 현실 세계에서 불리한 상황에 처해 있는 소수 그룹에 대한 억압으로 작용하는 사회적 기제다. 경제 정책의 기준으로서 파레토 기준보다는 좀더 높은 수준의, 동의되어야 하는 공동 기반(Common Ground)이 존재해야 한다는 롤스의 기본 인식은 분명하게 옳은 것이다. 그리고 공동 기반은 정의로운 것이어야 한다. 이러한 공동 기반의 성격을 찾아내기 위한 과정으로서 롤스가 말하는 사변적 균형(Reflective Equillibrium)의 개념도 의미 깊게 받아들여야 할 내용이다.[84]

롤스 이외의 평등주의적 자유주의자들

드워킨

로널드 드워킨(Ronald Dworkin)은 롤스와 같이 평등주의적 자유주의의 입장에 있다. 드워킨의 기본 논지는 모든 시민은 동등한 배려와 존중(Equal Concern and Respect)을 요구할 수 있다는 것이다. 정부는 삶의 방식과 신념이 매우 다르고 상반된 입장에 있는 시민들에 대해 중립적이어야 한다. 평등의 원칙에서 정부는 평등을 사회적 조정 기제를 통해 적극적으로 실현해야 한다고 보았다. 평등성에서 개인들의 독자성에 대한 인정이 표현된다고 여겼고, 정의로운 사회의 조건으로서 두 가지 원칙을 구체화했다. 우선 누구나 성공적인 삶을 영위할 수 있어야 하며, 다음으로 스스로의 삶의 성공에 대한 책임은 누구에게도 넘겨줄 수 없다는 것이다.[85]

평등주의적 자유주의는 기본적으로 사회에서 개인들이 차별적인 선호 체계를 갖는 것을 인정한다. 개인들의 차별적 선호를 가장 잘 실현할 수 있는 장소는 시장과 다수결로 결정되는 대의적 민주주의제다. 문제는 이러한 제도가 현실에서 차별과 불평등을 만든다는 것이다. 그 때문에 개인들에게 어떤 특정한 결정(다수결에 의한 결정이라 하더라도)에 대해서는 반대할 권리를 부여할 필요가 있다(카드놀이의 조커처럼). 이를 통해 모든 시민에 대한 배려와 존중이 가능해질 수 있다.[86]

애커먼

브루스 애커먼(Bruce Ackerman)은 그의 저서《자유주의 국가의 사회 정의(Social Justice in a Liberal State)》[87]에서 정치적 자유주의의 또 다른 조류를 형성했다. 애커먼에게 있어 유일하게 설득력 있는 분배 방식은 균등한 분배인데, 다른 방식의 분배를 허용하기 위해서는 정당한 근거를 제시해야 한다. 다른 방식의 분배를 허용하려면 그 목적은 '독립적 차별성 혹은 다양성(Undominated Diversity)'을 보장하기 위한 것인데, 어떤 사람이 일생의 과업을 추구한다면, 그리고 그 내용이 공공에 좋은 것으로 여겨지는 것이라면, 그가 방해받지 않고 과업을 추구할 수 있도록 주변적·물질적 여건의 조정에 대한 요구권이 있다는 것이다.

사람들 간의 갈등 관계 해결을 위해 그는 사회에서 권력의 합법화를 위한 독자적인 숙의적 개념을 개발했다. 권력을 행사하는 자는 (정부뿐 아니라 누구나) 다른 시민들로부터 스스로 정당성을 확보해야 하는데, 정당성은 다음 세 가지 원칙을 충족하는 경우 비로소 받아들여진다.[88]

1. 합리성(Rationality): 객관적 근거가 있어야 한다.
2. 지속성(Consistency): 근거는 자체적인 모순이 없어야 한다.
3. 중립성(Neutrality): 근거는 특별한 가치 체계(종교, 세계관 등) 위

에 있지 않아야 한다.

애커먼은 이러한 원칙을 충족하는 자유주의적 숙의 과정이 진행된다면, 예를 들어 국가와 종교의 분리, 낙태 합법화, 사립 학교에 대한 공공 지원의 불허, 감시의 불법화, 이민은 그 사회 의 정치적 안정성을 해치지 않는 범위 내에서만 가능하도록 하 는 결론이 얻어질 것으로 본다.[89]

애커먼은 앤 앨스톳(Anne Alstott)과 함께 집필한 《이해관계자 사회(The Stakeholder Society)》[90]에서 "지분 사회"라는 새로운 개 념의 논쟁을 이끌었다. 이는 토머스 페인(Thomas Paine)의 기본 연금 개념에서 출발한 것인데, 모든 이에게 공동의 기금에서 조 건 없이 일정한 액수를 일회성으로 제공하자는 것이다. 예를 들 어 8만 달러(미국에서 일반적인 대학 학비에 해당)를 18세가 되는 해 에 제공하면 누구나 인생에서 자기 발전의 기회를 갖게 된다는 것이다. 기금의 재정은 상속세와 재산세를 통해 마련하고, 다음 단계에서는 이 혜택을 받은 사람들이 사망하는 시기에 환불금 (원금과 이자 상당액)을 통해 마련한다.

애커먼과 앨스톳은 임금에 대한 국가 보조(근로 장려 세제를 통한 근로 장려금)는 단순한 자선에 지나지 않으며, 기회의 균등이 라는 중요한 사회적 요구와는 별 관계가 없다고 보았다. 국가의 과제는 시장의 실패를 보완해주는 것이며, 개인의 구체적 인생 플랜에 개입하는 것은 아니라는 것이다. 일회성 지급과 그 금액의 자유로운 사용은 국가의 온정적 개입에 기대하는 성향을 극복하고 개인에게 자신의 인생 운영에 대한 책임성을 강화할 것이라고 보았다.[91]

스캔런

토머스 스캔런(Thomas Scanlon)은 직관적이고 개인적인 도덕철학에서 출발한다. 그에게 있어 개인의 행위는 누구도 합리적인 근거에서 거부할 수 없는 경우에만 받아들일 수 있는 것이다.[92] 그의 관점은 이런 면에서 롤스와 차별되는데, 롤스의 정의론은 개인이 아니라 오직 사회적 제도에 대한 것이기 때문이다.

이성의 개념과 관련해 스캔런은 롤스와 가까운데, 그는 스스로의 생각을 계약주의(Contractualism)라고 불렀다. 한편으로는 합리성의 원칙(합리적인 근거라면 수용한다는 자세)에 기반을 두기 때문이고, 다른 한편으로는 추상적인 원칙의 문제가 아니라 다른 이들에게 배격당하지 않아야 한다는 점에 기반하기 때문이다. 결국 근거의 내용이 중요하다는 것이다.[93]

스캔런은 롤스가 공리주의를 부인하는 이유는 합리적이라고 보았다. 스캔런도 롤스와 유사한 평등주의적 자유주의자다. 그는

불평등을 수용하기 어려운, 다음과 같은 다섯 가지 근거를 제시했다.[94]

1. 재분배는 매우 곤궁한 위치에 있는 사람들의 상황을 호전시킨다.
2. 심한 불평등은 결과적으로 의욕을 잃게 할 정도의 경제 상황 차이를 만든다.
3. 유리한 경제적 위치는 경제적 권력을 갖게 한다. 경제적인 자유의 확대는 권력의 제한이 필요하다.
4. 기회의 균등화 없이는 사회에서의 발전 가능성이 불평등한 초기 상황을 만들어낸다.
5. 생산 관계에서 권력에 의한 위계질서는 불평등한 보상과 공동의 가치 창출에 대한 불균등한 지분을 야기한다.

스캔런은 근거는 다르지만 롤스의 정의론과 매우 유사한 결론을 내린다. 스캔런은 드워킨이 주장하는 물적 자원 차원에서 사람들의 태생적 불리함을 보완해주는 사회적 조정과 동일한 자기실현 기회를 위해 보완을 제공해야 한다는 센의 요구도 롤스의 정의론과 내용적으로 합치된다고 보았다. 롤스의 사회적 기초재는 자존을 위한 사회적 기초를 포괄하는 것이며, 그의 정의론은 독자적인 요구로서 '동일한 기회'라는 아이디어를 내용적으

로 내포하고 있다고 했다. 이 두 가지가 롤스의 전체 이론의 기초를 만들고 있다는 것이다.[95]

사회의 정의로운 구조는 사람들의 목표에 있지 않고 사회가 그 목표의 실현을 위해 기초를 제공하는지 여부에 달려 있다. 이 기반 위에서 사람들은 자신의 인생을 스스로 만들어가야 하며 인생의 질에 대해 스스로 책임져야 한다는 것이다.[96]

07

자유지상주의자들의 롤스 정의론 비판

자유지상주의의 대표적 인사들로 하이에크, 프리드먼, 노직 등을 들 수 있다. 이들은 개인의 형식적 자유(소극적 자유)를 정의나 공정성의 근거로 본다. 이들의 생각은 어떤 사회적 제도나 기관은 그것들이 야기하는 결과에 비추어서가 아니라, 과정 혹은 절차의 공정성으로 평가해야 한다는 것이다. 절차의 공정성은 국가가 가능한 한 개입하지 않음으로써 개인의 선택 자유를 최대한 보장하는 것에 있다. 개인에게 어떠한 결과를 야기하더라도 절차나 과정에 문제가 없다면 그런 제도나 기관은 정의롭다는 것이다.

자유지상주의자들의 정의관

하이에크

프리드리히 하이에크에게 사회의 법은 사람들의 공동 생활에서 복잡한 진화 과정을 통해 만들어지는 것이다. 그는 사회에서 법적 질서가 더 많이 도덕적 질서를 대변할수록 안정적인 사회라고 보았다. 법적 질서는 개인의 사회에서의 삶을 위한 제도적 틀을 제공하는데, 이 제도적 틀 안에서 개인은 자발적으로 자신의 생각대로 (이기적이든 이타적이든) 살아간다. 법적 질서가 더 많은 자유를 보장할수록 사람들의 자기실현은 더 가능할 수 있다. 자유는 그러기에 같이 살아가는 사회에서 가장 기본적인 가치라는 것이다.

시장지상주의자 혹은 자유지상주의자인 하이에크는 자유 개념을 국가 강제력의 부존 상태로 정의한다(부정적 자유 개념). 하이에크는 국가를 완전하게 부정하지는 않는다. 국가는 개인 자유의 최후적 보장 장치로서 최소한의 역할은 존재한다고 본다. 무엇보다도 개인의 자유는 다른 이의 강제력에 구속받지 않아야 하지만 최소한의 범위 내에서 국가에 강제력의 독점을 허용한다.

자유로운 사회에서는 개인의 창조성과 자발적 활동에 의해 그리고 시장을 통해 부와 발전이 만들어지는데, 개인은 현존하는 사회의 전체적 지식을 결코 비슷하게라도 소화해낼 수 없기 때문에 시장은 정부가 개입하는 경제보다 항상 우월하다는 것이다.[1]

하이에크에게 자유주의적 사회 질서의 출발점은 개인의 불충분한 지식에 있다. 우선 개인 스스로만 자기 삶의 목적과 역할에 대해 평가가 가능하므로 가능한 한 개인의 독자적 영역을 넓게 보장해야 한다고 보았다. 인간은 문화적 진화 과정에 있고 제도·관습·규범에 내재된 인간의 지식은 증가하는 추세에 있기 때문에 사회는 계획에 따라서 구성되어서는 안 되며, 개인은 사회의 움직임의 규칙이나 생성의 이유를 알지도 못한다. 또한 자기 행위의 결과에 대해서도 대체로 잘 알기 어렵고, 그래서 제도는 특정한 목적을 지향하도록 계획될 수 없다. 사회적 제도는 단지 발전을 만드는 시도와 오류를 통한 경험 축적의 과정을 방해하지 않도록 해야 한다는 것이다.[2]

하이에크에 따르면 인간의 지식은 불완전하기 때문에 이러한 불완전한 지식에 기반해 이루어지는 경제에 대한 계획적 조정은 결과적으로 개인의 자유와 사회의 발전력에 큰 비용을 치르게 만든다. 실험과 혁신 그리고 그 성과는 워낙 우연적이고 미리 예측하기 힘든 것이므로 개인에게 가능한 한 넓은 실험의 가능성을 허용해야 한다는 것이다.[3]

그는 시장에서의 분배적 귀결을 정의나 공정성이라는 관점에서 평가하는 것은 잘못된 이해에서 비롯된 것이며, 게임과 마찬가지로 시장도 규칙을 가진다고 보았다. 규칙을 준수할 때 비로소 그 결과가 공정하다는 것이다. 룰을 준수했다면 축구 경기에서 1 대 1이나 6 대 0은 모두 공정한 결과다. 재분배는 공정성의 이름으로 이행되더라도 축구의 경기 결과를 게임이 끝난 후 사후적으로 조정하는 것과 마찬가지다. 현재 존재하는 규정의 틀 안에서는 자유 경쟁 시장에서 누군가가 얻은 결과는 적법한 것이다. 정치에 의해 이를 무효화하는 것은 하이에크에게 불공정한 것이었다.[4]

이 때문에 그는 사회적 정의와 기여에 상응하는 소득 평등성이나, 나아가 사회적 정의는 잘못된 영역이라기보다 오히려 의미 없는 영역에 속한다고 보았다.[5] 그렇다고 하이에크가 사회 복지 정책을 완전하게 부정하고 야경국가만을 주장한 것은 아니었다. 그는 빈곤 계층에 대한 사회 부조는 공동체의 의무로 보았다.[6] 시장이 완전하게 능력이나 기여 그리고 치밀함에 의해 결정되는 것이 아니라 상당한 정도의 행운과 불운에 따르는 것이기 때문에 시장이 작동하지 않는 경우 빈곤에 대한 도움은 정당하다고 보았다. 그러나 정치가 분배의 정의로움을 실현하려고 해서는 안 된다고 했다.

하이에크는 더 나아가 현대 국가의 정부들은 곤궁하고 노동 능력이 없는 이들에게 사회 부조(이를테면 보건 분야의 서비스)를 제공하고 교육을 통한 지식의 확대에 나서고 있는데, 경제의 일반적인 성장과 함께 이러한 분야의 국가 활동이 더불어 커져가는 것에 반대할 하등의 근거는 없다고 생각했다.[7] 하이에크가 반대하는 것은 국가가 개인의 경제 활동 방향과 시장에 직접 개입하는 것이다. 이는 개인의 창의력과 자발성을 해치고 발전과 부의 형성을 방해하는 것이며, 그렇기에 그는 시장 순응적 사회 부조 정책을 예외로 모든 시장 개입을 부정한다. 이러한 이유에서 하이에크는 개인의 법적·정치적 평등성은 존중되어야 하나 소득의 평등에 대한 요구는 적법하지 않은 것으로 판단했다.[8] 정치는 법을 도구화해서는 안 되며 원칙에 입각해 이루어져야 한다고 보았다.[9]

하이에크 비판

시장을 통한 경제 활동을 지식의 발전 및 응용 과정으로 파악하면서 국가의 개입을 이 지식 발전 과정의 방해 요인으로 파악한 하이에크의 경제적 사고는 상당히 완결된 논리 구조를 갖춘, 잘 정리된 시장자유주의적 시각을 제공한다. 그러나 맹점이 없지 않다.

기존에 존재하는 개인의 경제 활동, 즉 부모나 가족 등 계층적으로 차별적인 소유나 교육 환경에서 출발하는 개인의 경제 활동이 국가의 개입을 통해 차별이 완화된 이후의 개인 경제 활동보다 더 창의적이고 자발적으로 이루어질지는 여전히 커다란 의문으로 남는다. 왜냐하면 하이에크의 이론에서도 노직의 경우와 마찬가지로 최소한의 사회 부조를 제외하면, 개인의 초기 자본의 거대한 불균형을 해결하는 기제는 존재하지 않는다. 국가 개입이 야기하는 문제는 인정한다 하더라도 국가의 부재로 인한 초기 자본의 불균형과 이로 인한 시장에서의 힘의 불균형이 시장에서의 경제 활동에서 개인의 창의력 발현에 가하는 제약과 그것이 사회의 지식 발전에 미치는 부정적 영향이 국가 개입이 야기하는 문제에 비해 상대적으로 가볍다고 보기는 어렵다.

　　다른 한편 세계는 크고 작은 많은 국가로 이루어져 있다. 규모가 큰 국가들은 교육, R&D 정책 등으로 국가 주도 기술 개발 투자에 나서고 있다. 경제 규모가 큰 나라들은 규모의 경제의 이점을 잘 활용하고 있다. 개인의 경제 활동에 대한 개입이 없는 소규모 개방 국가나, 국가가 기술 개발 투자를 하더라도 규모의 경제에서 불리한 작은 나라와 그 시민들이 세계 시장 경쟁에서 생존 가능한 수준을 장기적으로 유지할 수 있을지도 의문이다.

질서자유주의적 정의관

자유주의의 전통에 서 있으면서도 자유지상주의자들과 뚜렷하게 구별되는 시각을 가진 사조가 존재하는데, 제2차 세계대전 중에 발아되고 전후 독일에서 큰 영향력을 발휘한 질서자유주의(Ordoliberalism)적 사고가 그것이다.

질서자유주의자들은 자유지상주의자들과 달리 경제 질서를 확립하려는 국가의 역할이 부재할 경우, 시장 경제는 다양한 형태의 경제 권력(독점 기업, 카르텔, 콘체른 등)에 방치되어 거래 가격이 왜곡되고 자원의 효율적 배분 기능을 수행하지 못하게 된다고 주장했다. 그렇기에 국가는 넓은 영역에서 역할을 수행하는 것은 지양하되 필요한 영역에서는 강력한 역할을 수행해야 한다는 것이다. 강력한 역할이란 시장에서 경쟁이 실효적으로 작동하도록 시장의 경제 권력을 견제하거나 해체하는 것을 말한다(질서 정책: Ordnungspolitik). 그러나 국가가 시장의 과정에 직접 개입하는 것, 즉 공기업을 통한 특정 재화나 서비스의 생산과 공급 또는 거시적인 시장 개입(과정 정책: Prozesspolitik)은 바람직하지 않은 것으로 보았다.[10]

대표적인 질서자유주의자인 발터 오이켄(Walter Eucken)은 국가의 역할, 즉 경제 정책의 핵심은 시장의 경쟁이 작동하도록 해주는 것이며, 그러기 위한 구체적 내용으로는 화폐 가치의 안정, 진입 장벽 없는 시장, 사적 소유권 제도, 계약의 자유, 책임성, 경제 정책의 항구성 등을 들었다.[11]

오이켄은 그러나 효율적인 경쟁 시장의 결과로서 개인에게 부여된 소득이 필요에 비추어 큰 격차를 보일 때, 이러한 시장 소득의 격차를 줄여주는 재분배 정책이나 누진 세율 구조의 조세 정책을 완전하게 부인하지는 않았다.[12] 그러나 동시에 가장 훌륭한 사회 복지 정책은 경쟁 시장이 기능하도록 하는 정책이라는 입장을 견지했다. 질서자유주의자들의 이러한 사상은 후일 독일의 사회적 시장 경제 체제의 중요한 기둥 중 하나가 되었다.

질서자유주의자들은 자유지상주의자들과 달리 국가가 배제된 자생적인 시장의 분배적 결과를 경제 주체들이 그대로 수용하는 걸 정의로운 것으로 보지 않는다. 그러나 국가가 질서 정책을 통해 경쟁 시장이 작동하도록 조처했다면 그러한 시장에서의 분배적 귀결은 (최소한의 사회 정책적 고려는 예외로 치고) 대체로 정의로운 것으로 보는 편이다. 질서자유주의자들은 구성원의 인간다운 생활을 가능케 하는 물질적 기반(소득 및 재산)뿐만 아니라 자유와 법치 국가에 대해서도 소중한 가치로서 큰 의미를 부여하고 있다.[13]

질서자유주의 비판

이 질서자유주의자들의 사고의 한계로는 (케인스주의적) 거시 경제 정책에 대한 부정적 인식을 지적할 필요가 있다. 오이켄은 한 국가 내의 총소비나 총투자 같은 거시 정책 변수를 동원해 정책을 추구하는 접근에 매우 회의적인 시각을 보여주었다. 그러나 한 나라의 경제는 여러 가지 이유로 경제 위기나 불경기에 직면할 수 있는데, 질서 정책만으로는 위기 국면에서 빠져나오는 과정에 너무 긴 시간이 소요될 수 있다. 그 과정은 경제 주체들에게 매우 큰 고통을 안겨준다. 글로벌화된 세계에서는 개별 국가들이 질서 정책에 주력하더라도 경쟁력의 격차나 경제 규모의 차이, 규모가 큰 나라들의 통화 정책, 그리고 국제 금융 시장의 제도적 환경에 따라 나라별로 심각한 경제 침체가 빈번하게 발생하게 된다.

두 번째로 질서자유주의자들의 질서 정책 중심에는 중립적이고 작지만 강한 국가가 존재한다는 것을 전제로 한다. 오이켄에게 국가 질서와 경제 질서는 상호 종속적인 것이다.[14] 그러나 이 중립적이고 강력한 국가라는 것이 어떠한 경로로 만들어지는지에 대한 설명은 부족하다. 오이켄의 나라 독일에서도 그가 자신의 동료 프란츠 뵘(Franz Böhm)과 함께 제안한 기업 집단(Grosskonzern) 해체도 경제 단체의 반발로 결국 실현되지 못했다. 이는 선거에 의해 집권 정부가 결정되는 민주주의 체제가 대기업 집단에 강력한 견제를 행사하기 어려운 대의적 민주주의라는 정치 체제의 한계를 말하는 것이기도 하다.

세 번째로 오이켄은 어느 사회에서나 흔하게 사회경제적인 문제로 지적되는 낮은 노동 소득 분배율의 원인을 카를 마르크스와 달리 생산 수단의 소유 문제로 보지 않고 노동이라는 생산 요소의 수요자인 기업들의 수요 독과점 문제로 보고 있다. 문제는 이러한 수요 독과점 문제를 해결하기 위한 국가 개입의 여지가 현재의 글로벌 경쟁 체제에서는 매우 좁다는 점이다.

노직

노직은 롤스의 《정의론》이 출판되고 얼마 지나지 않은 1974년 정치철학서 《무정부, 국가, 그리고 유토피아》를 내놨다.[15] 이 출판물은 롤스에 대한 자유지상주의자들의 답변으로 보여진다. 하이에크의 자생적 시장 경제 질서는 롤스의 정의론에 대한 고려 없이 자신의 생각을 그대로 서술한 것이지만, 노직의 저서는 롤스 정의론의 내용을 염두에 두고 직접적으로 그에 대한 비판을 담은 것이다.

노직의 기본 입장은 사회에 대해 국가 개입이 가능한 한 없어야 한다는 것이다. 인간은 이성적 존재이며 인간의 자연적 권리인 삶과 자유와 소유권은 보장받아야 하고, 국가나 사회로부터 제한받지 않아야 한다. 노직은 그의 최소국가론(Minimal State Theory)을 유일하게 정당화할 수 있는 정부 형태로 보았다. "이 최소 수준을 넘어서는 어떠한 국가도 사람들의 권리를 침해하는 것이다(Any state more extensive violates people's rights)."[16]

노직은 롤스의 대척점에서 자격 이론(Entitlement Theory)[17]을 제시했는데, 이는 완전하게 보장되는 '공정한' 소유권 제도라는 기본 사고에 근거한 것이었다. 노직에 의하면 누구나 자신이 소유하는 것에 대해 권리를 가진다. 이 권리는 소유자 없는 재화의 정당한 습득,[18] 자발적 이전(적법한 교환 거래, 증여, 상속), 그리고 위의 두 가지 습득 원칙에 위배된 경우 이에 대한 복구의 세 가지 방법으로만 얻어진다.[19] 이 개념에 따르면 복지 국가의 강제적 재분배 행위는 정의롭지 못한데, 이는 모든 관련된 이들이 동의하는 사안이 아니기 때문이다. 국가는 단지 시장에서의 자유스러운 거래가 교란되는 경우에만 개입할 수 있고, 반면에 국가의 개입 없이 시장 과정에서 이루어진 배분은 항상 정의롭다는 것이다. 반면 재분배가 위의 두 번째 방식대로 자발적으로 이루어지고 국가가 이를 행정적으로 관리한다면 이는 합법화될 수 있다고 보았다.

자유주의의 이 분파는 개인의 초기 자본(상속 재산, 태생적 능력)에 대한 소유권을 인정하면서 출발 시기의 기회 균등화를 위해 이 초기 자본을 국가가 나서서 재분배하는 것을 거부한다. 개인의 태생적 능력이 개인에게 속하지 않는다면, 그 개인은 국가의 노예라고 보아야 한다는 것이다.[20]

노직 비판

문제는 분배가 불균형적일 경우 공정한 재화의 거래가 이루어지기 어렵다는 것이다. 분배의 불균형은 힘의 불균형을 야기하고 이는 시장의 기능이 작동하기 어렵게 만드는데, 시장은 이를 스스로 교정하지 못하기 때문에 결과적으로는 사람들의 기본적 인권을 보장하지 못하는 정도에까지 이르게 된다. 이 자유지상주의적 사고에서는 예를 들어 장애인으로 태어나 태생적 능력이 매우 부족한 사람에 대한 배려 같은 것은 존재할 공간이 없다. 이들에 대해 국가가 아무런 일을 해주지 않아도 국가에 대한 권리는 원칙적으로 존재하지 않는 것이다.

자유지상주의 정의관에 대한 평가

자유지상주의자들의 정의론은 소극적 자유의 완전한 보장과 과

정의 공정성을 강조한다. 전적으로 개인주의적 인간관에 부합한다. 누구도 사회 전체를 위한다는 명분으로 다른 사람을 이용할 권리가 없으며, 결과적으로 최소한의 정부만이 정당하고 결과로 나타난 분배가 중요한 것이 아니라 절차가 공정해야 한다는 것이다. 국가 개입을 원천적으로 (혹은 대체로) 부정한다. 노직 같은 이는 출발선상의 기회 평등성조차 부정한다. 이들에게는 사적 소유권이 정의론의 핵심인데, 문제는 이에 대한 구체적 기준도, 제한도 없다는 것이다.

자유지상주의자들이 말하는 정당한 과정은 무엇이며, 현재 보장되고 있는가? 현재의 분배 상태는 과거의 정당한 절차의 결과인가? 출발선상의 상황이 동일하지 않았다면, 그 이후에 과정을 공정하게 관리하더라도 출발과 그 이후 모든 과정을 포함해 판단할 때 공정하다고 할 수 있을까?

자유지상주의자들의 정의론이 현실을 잘 설명하지도, 현실의 요구에 부응하지도 못하는 것은 명백하다. 이들의 입장은 사회 기득권층이 선호하는 기존 사회 질서를 유지하고자 하는 요구에 부응하는 논리를 제공하는 역할을 수행할 뿐이다. 자유지상주의자들과 일정한 거리를 두는 질서자유주의는 자유지상주의자들의 극단적 주장에 대해 시장의 효율적 작동을 위한 국가의 역할과 사회 보장 정책의 필요성에 대한 인정을 통해 일정 부분

보완하는 내용을 제시하고 있다. 그러나 질서자유주의자들의 논리에서 문제는 국가관에 있다. 질서자유주의자들의 질서 정책 중심에는 중립적이고 작지만 강한 국가가 존재한다는 것을 전제로 한다. 그러나 이 중립적이고 강력한 국가라는 것이 어떠한 경로로 만들어지는지에 대한 설명은 부족하다. 현실과 다소 유리된 이상주의적 요소를 포함하는 것으로 보여진다.

시장 성공의 우발성[21]이 문제의 본질인데, 이 점을 하이에크가 일부 수용한 것은 다행스러운 일이다. 그러나 이에 대한 해결책으로 그는 최소한의 사회 부조 정책에 동의할 뿐이다. 시장에서의 성공을 이끄는 여러 요인이 우발적 성격이 강한 것이라면, 최소한의 사회 부조 정책을 통해 큰 불평등에 대처하는 것에 동의하기 어렵다.

자유지상주의자들은 자유와 소유권에 대해 어떠한 타협도 없이 우선순위를 설정하고 있다. 문제는 이러한 정책의 현실적 귀결이 매우 심각하다는 것이다. 심각한 분배적 불균형에 대한 무관심, 실질적인 자유의 심각한 제약을 야기하는 내용에 대한 무관심에 사회 구성원이 동의하기가 쉽지 않아 보인다.

과정의 공정성(혹은 절차의 공정성)이 실제적으로 확보되어 있는지 여부에 대한 판단은 사회적 계층의 이동성을 기준으로 판단할 수 있을 것이다. 소득이나 자산의 집중도(양극화)에 따라 판단할 수도 있다. 심각한 경제적 양극화는 자유지상주의자들이 가장 우선시하는 자유가 실제적으로는 대규모로 훼손되는 결과를 야기한다. 복지 국가적 성격을 띤 북유럽 국가들에 비해 자유주의적 경제 운영의 성격이 강한 영미권 국가들에서 사회의 계층 이동성이 제한적인 것은 통계 지표로 확인되는 내용이다. 즉, 경제적 양극화는 세습되고 있는 것이다.

가장 중요한 실질적 자유가 보장되지 못하는 모습은 빈곤 계층의 평균적으로 짧은 수명, 기아, 영양 결핍과 건강 문제, 마약 복용, 문맹 등으로 표현된다. 실업과 생산 수단이 없는 빈곤층은 생산 수단(즉, 소유권)으로의 진입문이 막혀 있는 바로 그 때문에 (합법성 여부와 상관없이) 굶주리게 된다. 자유지상주의자들의 개인적 자유와 소유권에 대한 절대적 우선시는 결과적으로 정부의 사회 정책적 목적의 추구와 정면으로 충돌한다. 빈곤을 연구한 경제학자 아마르티아 센은 한 체계 내에서 극심한 기아와 자유주의적(형식적) 권리는 충분하게 양립 가능하다고 했다.[22] 형식적 자유만을 추구하는 것은 실질적 자유의 추구에 도움을 주지 못한다.

노직의 롤스 정의론 비판

노직이나 하이에크 같은 자유지상주의자들은 개인주의적·자유주의적 인간관을 가졌다는 점에서는 롤스와 같은 입장이지만, 이들은 자유와 소유권에 대해 어떠한 타협도 없이 우선순위를 설정하고 있다.

협력의 조건(Terms of Cooperation)과 차등의 원칙

롤스의 정의의 원칙은 무지의 장막 뒤에서 자신의 현실 상황에서의 경제적 위치에 대한 지식이 없는 참여자들 간의 합의에 의한 것이다. 누구도 자신에게 유리한 원칙을 채택할 수 없는 상황에서 공정한 합의의 결과로서 정의의 원칙이 도출된다는 것이다. 모든 이들의 미래 삶의 질이 관련된 중요한 문제이므로 협상에서는 모든 당사자가 협력적이다. 그리고 합리적인 제안들만이 논의된다(only if reasonable terms are proposed …… could expect the willing cooperation of others when some workable scheme is a necessary condition of the welfare of all).[23]

노직은 이에 대해 매우 회의적인 입장을 취했다. 예를 들어, 경제적으로 열악한 이들에게도 많은 혜택을 주는 중요한 사회적 발명을 재능이 풍부한 계층에서 만들어내는 경우, 이미 시장의 자발적 교환에서 경제적으로 열악한 이들에게 제공되는 혜택에 추가로 (공정성이라는 이름으로) 사회적 협력을 통해 더 많은 혜택이 주어져야 한다는 말인가?[24]

이는 노직이 롤스의 정의의 원칙 내용을 제대로 이해하지 못했기에 할 수 있는 비판이다. 롤스의 차등의 원칙은 열악한 이들의 경제적 상황을 개선하는 불평등을 수용한다. 노직의 예에서 열악한 이들에게도 많은 혜택을 주는 중요한 사회적 발명을 재능이 풍부한 계층에서 만들어내는 경우 이들에게 돌아가는 높은 보상에 동의할 수 있을 뿐 아니라, 이러한 발명이 더 많이 이루어지도록 하는 사회적 인센티브 체계의 도입이나 유지에도 동의한다는 것이다. 나아가서 경제적으로 열악한 이들의 상황을 개선하기 위해 재분배를 확대하다가 그 결과로서 중요한 사회적 발명을 이루고자 하는 개인적 동기를 약화시켜 경제적으로 열악한 이들의 상황을 개선하지 못하거나 더 악화시키는 일은 하지 않아야 한다는 것이 롤스의 차등의 원칙이 말하고자 하는 바다.

무지의 장막(가정적 상황)의 현실 부합성

노직은 롤스 정의론 비판에서 롤스가 개인의 이해관계나 선호에 차이가 있다는 것을 고려하지 않는다고 비판한다. 모든 이의 선호가 이 가정적 초기 상황(무지의 장막)에서 동일하다고 보는 롤스의 전제 조건이 잘못되었다고 생각하는 것이다. 위험에 대한 사람들의 태도는 개인적으로 다르기 때문에 반드시 위험 기피적 행위를 보이지는 않으며, 사람에 따라서는 위험 중립적이거나 위험을 선호하는 선택을 할 수도 있다고 지적했다. 사람들이 무지의 장막 안에서 재화의 균등한 배분을 선호할 것이라는 롤스의 결론도 노직은 부정한다.[25] 제임스 뷰캐넌(James M. Buchanan)도 무지의 장막의 현실 부합성에 유사한 비판을 제기한 적이 있다.

그러나 이러한 비판들은 매우 과녁이 어긋난 것으로 보인다. 우선 어떤 사회에서 민주주의나 국가 구성을 위한 헌법 체계를 구상할 때 사회계약론적 전통의 오랜 흐름에 기초해 시민이 원하는 것으로 보이는 내용을 선택한다는 것은 사회계약론이 상정하는 계약적 상황이 현실에 반드시 부합해서가 아니다. 그렇게 하는 것이 역사적 발전의 결과인 민의에 따른 국가 구성이나 헌법 제정을 가능케 해주고 역사적 현실을 압축적으로 반영하는 길이라고 생각하기 때문일 것이다. 그러기에 오랜 사회계약론적 전통에서 가정적 상황의 설정은 매우 친숙한 일이며, 그 때문에 배척할 사안은 전혀 아니었다.

롤스는 이 가정적 상황에서 무지의 장막 뒤에 있는 선택 상황에 있는 인간이 소유하고 있는 지식의 내용에 대해 가정을 추가한 것이 있다. 즉, 이들은 무지의 장막 뒤에서 어떠한 원칙에 합의해야 하는데, 원칙이 채택된 이후 그 원칙으로 인해 새로 만들어지는 사회 질서 속에서 자신이 어떠한 위치를 차지하게 될지 모른다는 것이며, 그러면서도 이들은 현실 세계의 경제 구조와 경제 운영 방식 및 경제 주체자들의 행태 등에 대해 매우 잘 알고 있다는 것이다.

롤스가 이렇게 가정한 이유는 이러한 가정 위에서, 즉 이러한 무지의 장막 뒤의 상황에서 결정(판단)은 자신의 경제적 이해관계로부터 무관한 중립적인 결정이므로 또한 공정하다는 것이며, 공정하게 결정한 결과라야 정의로울 수 있다고 보았기 때문이다. 인간이 자신의 사회 내부에서의 위치나 향후 누릴 위치를 알게 되면 이러한 상황에서 내린 결정은 자신의 경제적 이해관계로부터 무관하지 않으며, 그렇기에 공정하지도 못하고 정의롭지도 못하다는 것이다. 그 때문에 롤스의 정의론이 현실에 부합되지 않는다는 노직의 비판은 과녁이 어긋난 것이다.

사람들은 일반적으로 투자에서 위험 중립적이거나 수익률을 고려해 위험 선호적인 선택을 하기도 한다. 하지만 투자 규모가 크거나 매우 중요한 사안인 경우 위험 기피적인 태도를 보인다는 것은 일반적으로 받아들여지는 내용이다. 무지의 장막 뒤에서의 결정은 인간이 할 수 있는 일생일대의 가장 중요한 결정이므로 위험 기피적인 태도를 가진다고 롤스가 판단한 것에는 비판의 여지가 없어 보인다.

자유지상주의자들이 제기한 비판에서 유일하게 생각의 여지가 있는 포인트는 롤스의 정의론이 결과론적 정의론이라는 것이다. 그런데 과연 그런가.

과정적 정의론과 결과론적 정의론

하이에크나 노직 같은 자유지상주의자들은 롤스의 정의론이 과정적 정의론이 아니고 결과론적 정의론이라고 비판한다. 인간의 지식은 매우 불완전하기 때문에 이런 지식에 기반해 이루어지는 경제에 대한 계획적 조정은 결과적으로 개인의 자유와 사회의 발전력에 큰 비용을 치르게 만든다는 것이다. 시장에서의 분배적 귀결을 정의나 공정성이라는 관점에서 평가하는 것은 잘못이며, 시장도 규칙을 갖고 있기 때문에 그 규칙을 준수할 때 비로소 그 결과도 공정하다는 것이다. 즉, 과정이 정의로워야 하며 어떤 결과를 기준으로 그 과정을 무시하며 판단하는 것은 바람직하지 않다는 주장이다.

공리주의는 사회의 정의로움을 판단할 때 한 시점의 상태, 즉 행위의 결과로서 주어진 상태가 다수의 행복(즉 느낌, 효용, 만족감 등)을 극대화한다면, 그것이 정의로운 상태라고 보기 때문에 결과론적인 정의론으로 분류된다. 공리주의적 정의관에 따르면,

노예 제도처럼 명백하게 반인권적인 요소도 최대 다수의 최대 행복이라는 결과적 목표를 기준으로 판단할 경우 사회에서 수용될 수도 있는 것이다. 그 때문에 과정을 보지 않고 결과를 중심으로 판단하는 결과론적 정의론은 문제가 있다는 얘기다.

롤스 같은 사회계약론자의 최빈자의 최대 행복 원리로 불리는 차등의 원칙(제2원칙의 뒷부분)은 사회에서 제일 경제적으로 열악한 이의 경제적 상황을 가장 많이 개선하는 제도가 가장 정의로운 제도라는 것이므로 결과론적인 정의론의 형식적 구조를 갖추고 있다. 그러나 롤스의 정의론적 사고는 소득 분배를 완전하게 실현해 세후 소득을 동등하게 하는 조세 제도가 바람직하다고 말하고자 하는 것은 전혀 아니다. 그는 경제 활동은 개개인의 인센티브가 작동해야 활성화한다는 것을 잘 알고 있었다. 그렇기에 사회 구성원이 스스로를 위해 노력해서 사회 전체의 경제 수준을 발전시키고 이 중간적 결과에 대해 적절한 수준의 국가의 분배적 개입이 추가됨으로써 궁극적으로 최빈자에게 허용되는 삶의 질을 제일 높은 수준으로 만드는 그러한 사회 제도, 즉 다시 말하자면 인센티브 시스템과 분배 시스템이 잘 조화되는 사회 제도가 가장 정의로운 제도라고 보았다. 사회에서 소득의 격차는 용인되고 필요하나 다만 최빈자의 소득 수준을 높이는 데 기여하지 않는 발전은 그리고 격차는 정의롭지 못한 것이라고 롤스는 생각했다.

과정론적 정의론 주창자들이 결과론적 정의론을 비판하는 내용, 즉 결과론적 접근에 의해 과정의 공정성이 심각하게 훼손된다는 주장은 롤스의 정의론에는 적용되지 않는 것으로 보인다. 롤스의 정의론 제1원칙(모든 사람이 평등하게 누릴 수 있는 최대한의 자유)과 제2원칙의 앞부분(기회의 평등성)은 과정적 정의론에 해당하는 내용이다. 그리고 결과론적인 정의론의 체계가 아니라 경제 및 사회 활동 과정에서 원칙이 지켜지는지를 중심으로 판단하는 과정적 정의론의 구조를 가진다.

롤스 정의론의 제2원칙 뒷부분(차등의 원칙)에서도 가장 경제적으로 열악한 사람의 여건을 개선하는 경우 불평등이 허용된다고 해서 결과론적인 문장 구조를 가지고는 있으나 내용적으로는 그렇지 않다. 어떤 하나의 기준으로 판단해 그것의 양적인 결과에 따라 판단하는 구조가 아니기 때문이다. 롤스 정의론에서 무지의 장막과 관련된 원초적 상황의 모든 가정은 (이 가정하에서 사람들이 자유롭고 합리적으로 선택하는―스스로에게 구속력을 가지는―사회의 규칙을 자발적으로 선택하도록) 그의 정의의 원칙이 과정적으로 공정하게 작용하도록 만들기 위한 것이다.

도덕적으로 올바를 수 있는 기본 원칙이 결정되도록 원초적 상황을 설정한 것이다. 원초적 상황에서는 도덕적인 주체들만 존재하며 합의된 결과는 사회의 권력관계로부터 영향받지 않는 성격의 것이다. 롤스는 스스로 그의 정의론이 시작부터 절차적·과정적 정의의 개념을 사용하고 있다고 본다.[26] 자유주의적인 선택 과정에서 정의의 원칙이 도출되는 것이며, 롤스는 원칙이 구체적으로 실현되는 것은 항상 현실 정치적 판단에 따르는 것으로 결과를 열어두고 있다.

개인의 재능을 사회의 공유 자산으로 보는 시각

롤스의 차등의 원칙은 사회적·자연적 행운과 재능의 우발성에 대한 해결책이기도 하다. 모든 종류의 우발성에 대한 답변으로 롤스는 결과의 평등을 제시하지 않고 차등의 원칙으로 대응했다. 차등의 원칙은 우발성 문제에 대한 근본적인 다른 접근인 것이다. 이 과정에서 롤스는 사회적·자연적 행운에 힘입은 개인의 재능을 사회의 공유 자산(Common Assets)으로 여겨야 한다고 보았다. 스스로의 노력으로 획득한 것이 아니기 때문이다.

노직은 사람의 자연적 자산(재능 등)을 공유 자산으로 보는 시각은 자유주의가 침범 불가능한 영역으로 중요시하는 개인의 권리와 충돌한다고 보았으며, 사람과 그의 재능을 구분해내는 것에 대해 자연스럽지 않게 여겼다.[27]

개인이 사회에서 누리는 경제적 지위나 보상은 두 가지 개념으로 설명할 수 있다. 응분의 보상(Moral Desert: 도덕적 보상)은 그 사람의 행위 자체가 도덕적으로 해당하는 보상을 충분하게 받을 만하다는 의미로 사용되는 개념이며, 자격(Entitlement)은 그와 달리 사회적 약속이나 규정에 따른 보상을 의미한다. 노직은 그의 논리의 핵심인 소유권 문제에 있어 자격 이론(Entitlement Theory)의 관점에서 말하고 있다. 롤스는 그의 차등의 원칙에 따른 분배도 응분의 보상 개념이 아니라고 설명한다. 사회와 자연이 개인에게 제공한 재능이 우발적 성격을 가지는 것이므로, 이에 따른 보상은 스스로의 노력으로 획득한 것이 아니다. 따라서 도덕적 보상으로 볼 수 없는 것이며, 차등의 원칙에 따른 보상도 사회적인 규칙에 따른 것이니 공정한 보상(혹은 대가)일 뿐 도덕적 보상은 아니라는 것이다.[28]

노직은 롤스가 말하는 사회와 자연이 개인에게 제공한 재능이 우발적 성격을 띤 것이라는 점을 일단 부인하면서도, 재능이나 자산의 우발성이 응분의 보상 성격을 불가능하게 하지 못한다고 주장했다. 응분의 보상은 내가 스스로 획득한 것에서뿐 아니라 불법적인 것이 아닌 내가 가진 것에서 나오는 것도 포함한다는 것이다.[29] 롤스는 소유한 것(Mine)과 나(Me)를 구분 가능한 것으로 보며, 소유한 것은 재능의 우발성에 따르는 것으로 이로부터의 소득은 응분의 보상 개념에 해당하지 않는다는 입장이다. 노직은 앞에서 이미 설명한 바와 같이 사람(Me)과 그의 재능(Mine)을 구분해내는 것에 대해 자유주의가 중시하는 개인의 영역을 무너뜨리는 것으로 보았다. 나와 나의 재능을 구분해내는 것이 어려울 수도 있겠지만, 그렇다고 해서 재능이 나에게 주어진 게 사회적·자연적 행운에 의한 것임을 인정하고 재능이 주는 수확물의 일정 부분을 공동체의 몫으로 돌리는 행위를 불가능하다고 말할 수는 없을 것이다.

차등의 원칙은 필연적인가

노직은 나아가서 재능의 우발성을 인정하고 응분의 보상 성격을 부인하더라도 개인의 재능 자산을 사회적 소유로 보고 차등의 원칙을 적용하는 게 필연적인 것은 아니라고 주장했다. 노직은 어떤 사람이 다른 사람에게 속하지 않는 자산을 가지고 있다면, 그가 그 자산에 도덕적 권리가 없더라도 그로부터 연유된 소득을 다른 사람의 권리를 해치지 않으면서 가질 자격이 있다고 주장했다(If a person has an asset to which no one else is entitled, then, although he may not deserve the asset, he is nonetheless entitled to it, and to whatever flows from it by a process that does not violate anyone else's entitlements).[30]

　롤스는 개인의 재능 자산을 《성경》에 등장하는, 하늘에서 떨어지는 만나(Manna)와 같은 것으로 여겼다. 만나처럼 행운으로 주어지는 재능이라면 그 자체로서는 공정하지도 불공정하지도 않은 것이다. 다만 자연적 사실일 뿐이다. 공정 혹은 불공정한 것은 이를 다루는 사회적 제도인 것이다(What is just and unjust is the way that institutions deal with these facts).[31]

노직은 어떤 사람이 X를 가지고 있고 그것이 다른 사람의 X에 대한 권리를 해치지 않는다면, 그리고 다른 사람의 권리를 침해하지 않는 방식으로 X에서 Y가 연유한다면, 그 사람은 Y에 대해 자격이 있다(Entitled)고 주장했다.[32] 그러나 노직은 그렇게 주장했을 뿐 왜 이러한 자격이 있다는 것인지 근거를 제공하지는 않았다. 노직은 또 도덕적 보상과 자격에 대한 차이를 구분하지도 않았다. 롤스에게는 이 구분이 명백하다. 응분의 보상은 도덕적 개념이며 논리적으로 사회적 제도나 규칙과는 독립적이고 그보다 선행한다. 반면에 자격은 규칙이나 이미 정립된 제도들에 따라 인정된 조건에 의해 요구가 생기는 것이다.

━━━

노직의 롤스 비판 중 많은 내용은 롤스의 정의론에 대한 잘못된 이해에서 비롯된 것이다. 그리고 노직은 후기 저서들에서 그의 대표작《무정부, 국가, 그리고 유토피아》의 극단주의적 입장으로부터 많이 벗어난 모습을 보여주었다. 후기 저서들[33]에서 노직은 초기 저술의 내용이 심각하게 부적절(Seriously Inadequate)했다고 표현한 바 있으며, 상속세를 통한 재산의 재분배를 제안하기도 했다.[34]

공동체주의자들의 롤스 정의론 비판

공동체주의자들은 롤스 같은 자유주의자들이 개인을 지나치게 강조하고 사회에 존재하는 다양한 공동체의 역할을 무시한다고 비판한다. 정의로움은 사회의 다양한 역사문화적·종교적 전통과의 관계 속에서 도달 가능하며 공동체 안에서 수용되어야 비로소 역할을 수행할 수 있다는 것이다.

공동체주의자들

공동체주의는 스코틀랜드계 미국인 도덕철학자 알래스데어 매킨타이어(Alasdair MacIntyre)의 저서《덕의 상실(After Virtue)》로부터 세상에 알려지기 시작했다.[1] 공동체주의는 이후 마이클 왈저(Michael Walzer)에 의해 확산했는데, 왈저는 그의 저서《정의와 다원적 평등(Spheres of Justice)》을 통해 자유주의/공동체주의 논쟁에서 중요한 역할을 수행했다.[2]

매킨타이어

공동체주의의 문제는 오랜 기간에 걸쳐 정체성을 형성한 공동체와 전통이 요구하는 도덕은 개인에게 큰 부담이며 자유를 구속할 수도 있다는 점일 것이다. 공동체의 도덕적 부담은 억압적일 수도 있다. 스스로 선택하지 않은 도덕에 구속되지 않고자 하는 자유주의자들에게는 받아들이기 쉽지 않은 측면이다.

그러나 공동체주의자들이 말하고자 하는 것은 자유주의적 가치를 부정하는 게 아니라 사람의 자유 의지처럼 보이는 것들조차도 많은 내용이 공동체에서 교육받고 형성된 것이라는 점, 그리고 한 사회에서 태어나 사는 사람들에게 이러한 공동체의 영향력은 피할 수 없는 것이며 동시에 공동의 경험이라는 점이다. 그러기에 공동체의 도덕적 중요성을 인식하면서, 아울러 인간의 자유를 인정하는 것이 가능한지가 커다란 관심사다.

이에 대한 대답을 공동체주의자 매킨타이어가 제시하고 있다. 나의 도덕적·이성적 자아를 형성하는 데 커다란 영향을 미친 공동체 기반 위에서만 개인의 좋은 삶을 추구하는 게 가능하다는 것이다.

영향력 깊은 공동체주의자로서 매킨타이어는 서사적 탐색으로서 삶에 대해 언급했다. "우리는 어떤 큰 이야기의 일부인가?"[3] 매킨타이어에게 도덕적 숙고는 개인의 의지를 내세우는 것이 아니라 자신의 인생 스토리(Life Story)의 의미를 잘 파악해내는 것이다. 이것은 선택이다. 그러나 이렇게 파악해낼지에 대한 선택이다. 독자적 의지의 행위가 아니라는 것이다. 공동체주의는 인간을 자발적 존재로 보는 시각에 대한 대안이다. 현대의 개인주의는 나는 내가 되기로 선택한 사람이라는 의식이 강한데, 이와는 매우 대립적인 입장이다.

그는 "나는 선(the Good)이나 미덕(the Virtue)을 단지 개인을 통해서는 찾아내기가 어려웠다"[4]고 말하며 개인은 공동체와의 관계 속에서, 가족의 일원으로, 도시와 나라 그리고 직능 단체에 소속된 일원으로서 비로소 개인의 정체성(Identity)을 발견할 수 있다고 생각했다. "나에게 정체성을 부여한 공동체의 큰 줄거리에 나의 생에 대한 스토리는 한 부분으로 끼워진 것이다. 나는 과거와 함께 태어났다(I am born with a Past). 이 과거를 잘라내려는 개인주의적 접근은 내 현재의 관계를 파괴하는 것이다(deform my present relationships)."[5]

매킨타이어와 공동체주의자들은 그렇기 때문에 예를 들어 최근에 태어난 미국인이나 독일인도 미국의 과거 노예제에 대해, 그리고 독일의 히틀러 시기 유대인 학살 문제에 책임 의식을 가져야 한다는 것이다. 개인주의적 시각에서는 책임은 본인의 자발적 동의라는 전제가 존재해야 한다는 것이 자연스럽다. 명시적인, 암묵적인, 혹은 롤스적인 의미의 무지의 장막 안에서 가정적인, 동의를 전제로 개인은 책임을 지는 것이다. 공동체주의는 개인을 사회적·역사적 역할과 상황에서 분리해내는 것을 오류라고 보았다.

호네트

악셀 호네트(Axel Honneth)는 공동체주의자로 분류되고 있지는 않지만, 공동체주의자들과 비슷한 입장에서 자유주의적 정의론을 비판한다. 자유주의적 정의론이 참여자가 그의 인생 계획을 고립된 개인으로서 자유 개념을 실현하길 원하는 것처럼 기본 가정을 설정하고 있다는 것이다. 헤겔의 생각을 활용하면서 호네트는 사회적 정의의 개념을 발전시켰는데, 그의 사회적 정의는 참여자가 그의 자유를 다른 사람들과의 상호 관계 속에서 그리고 다른 사람들의 자유 영역 내에서 실현할 수 있는 것으로 계획한다는 점에서 출발한다. 이로부터 호네트는 정의로움을 기본재 등의 (최소한의) 보장 영역이 아니라, 그를 통해서 사람들 상호 간의 의무를 형성해가는 방식을 확정하는 것이라는 결론을 도출한다.

호네트는 롤스가 비편향성의 요건을 표현하기 위해 사용하는 무지의 장막의 가정이 사람들 간의 관계성의 존재를 없는 것으로 만들었다고 지적했다. "참여자들이 원초적 상태에서 그들의 인정(Recognition) 욕구에 대한 기초적인 지식을 가진다면 아마도 그들은 롤스의 제안과는 달리 사회적 욕구를 포함하는 정의로움의 개념에 대해 합의할 것이다."[6]

개인에게 (원하는 각각 다른) 권리를 부여하는 것은 공정한 배분의 결과라기보다는 사회 구성원이 평등하고 자유롭게 서로 인정할 때 그 상황에서 주어지는 것이라고 호네트는 보고 있다.[7] 개인들 간의 관계는 그러므로 개인의 독자성을 위한 필연적 조건이 된다. 인정을 받지 못하면 부당하다는 감정에 휩쓸린다. 호네트는 이것이 사회학·역사학 연구에서 경험적으로 증명되고, 발달심리학에서 확인되는 것이라고 보았다.

이로써 호네트의 정의로움은 분배의 문제에서 원칙의 문제로 옮겨간다. 정의로움을 위해 국가는 사람들 간의 상호 인정이 가능해지도록 사회적 전제 조건을 보장해야 한다.[8] 정의로움은 개인의 기본적 자유를 보장하는 것이 아니라 상호 인정 관계의 평등적 실현에 있다고 보았다.

공동체주의자 샌델

우리에게 가장 잘 알려진 공동체주의자는 샌델[9]이다. 샌델은 자유주의와 사회계약론의 오류를 지적한다. 자유로운 개인이 이성적 판단에 의해, 계약적 합의에 의해 사회를 구성하는 것은 존재(경험)론적으로 성립 불가능하며, 그보다 개인의 인격은 공동체 안에서 교육 및 형성된다는 점을 간과해서는 안 된다는 것이다.

롤스와 샌델

샌델은 스스로를 공동체주의자라고 규정하고 자유주의자인 롤스의 정의론을 비판하면서도 롤스를 가장 많이 인용한다. 샌델은 롤스와의 차이를 부각하려 하지만, 그러면서도 롤스의 생각에서 많은 요소를 수용하고 있다. 롤스를 사회적 평등을 요구하는 자유주의자(자유주의적 평등주의자)라고 보고 자신의 공동체주의와 구분하면서, 롤스와 함께 공리주의자와 자유지상주의자에 대해서는 비판적 입장을 공유한다.[10]

자유주의와 공동체주의의 차이에도 불구하고 경제와 분배에 대해 샌델은 롤스의 입장을 많이 수용하고 있다. 공동체주의를 강조한다면 오히려 자유주의자인 롤스보다 분배에 더 적극적인 것이 보통이다. 그러나 자신의 저서에서 그는 분배 문제에 대해서는 롤스의 입장을 적극 옹호하면서 그보다 더 나아가지는 않았다.

롤스의 정의관을 세 가지 요소로 압축하면 무지의 장막, 차등의 원칙 그리고 재능의 도덕적 임의성(Arbitrariness)이다. 재능의 도덕적 임의성은 롤스의 생각에서 중요한 요소이면서도 주목을 받지 못하는데, 이를 수용하지 않는다면 롤스 이론의 도덕적 타당성은 무너지고 만다. 샌델도 롤스 정의론의 도덕적 임의성 관점에 대해서는 같은 입장이다.

롤스의 재능의 도덕적 임의성은 재능을 행운으로 파악하는 시각이다. 이는 시장 경제와 경쟁 사회에서 우리가 당연시하는, 성공한 사람(Winner)에 대한 보상 원리의 근간을 흔드는 사고다. 경쟁 사회에서 업적을 만들어내는 개인의 재능을 행운이라고 하는 것은 이를 스스로 쌓은 게 아니라 계급 사회에서의 신분, 부자의 상속받은 재산처럼 외부에서 받은 도움(유전적인 그리고 사회적인)으로 파악하는 것이다. 따라서 재능(지적인 능력, 도덕성, 인내력, 무던한 성격, 좋은 체력 등을 포괄하는 개념으로 생각하자)에 기인한

시장에서의 보상이 해당 개인에게 귀속되는 데 대한 도덕적 정
당성이 부인된다.[11]

재분배에 대한 시각에서 보면 샌델과 달리 롤스는 직접적인
재분배를 옹호한다. 롤스는 (공교육을 통해) 교육 기회를 균등하게
해 시장 경제에서 출발선상의 평등함을 확보하더라도 재분배가
이루어져야 한다고 했다. 바로 재능의 행운성, 도덕적 임의성 때
문이다. 다만 완전한 평등화를 주장하지 않고 차등의 원칙을 제
시했다. 그리고 샌델은 차등의 원칙 자체에 반대 논리를 제시하
지 않았다. 그러나 샌델은 세금을 거두어 저소득층에게 직접 나
누어주는 것보다 공동 시설에 대한 투자를 강조하는 입장을 보
였다.

공동체주의적 입장의 조세 정책 내용은 어떤 것일까? 샌델
은 공동체 구성원이 함께 사용하는 시설이나 기관을 충분하게
좋은 수준으로 확보하자는 것이며, 이러한 대표적 시설로서 각
급 학교 같은 (사립이 아닌) 교육 기관, 스포츠 시설, 보건소, 공
원, 도서관, 박물관, 문화 시설, 공공 교통 등을 언급했다. 이러
한 공적 영역은 교육의 장이며 공동체 연대 의식이 형성되는 곳
이기에 충분한 돈을 들여 좋은 수준으로 만들어가야 한다고 했
다. 부자로 태어난 이와 가난하게 태어난 이가 같이 이용하며 공
동체 구성원으로서 동류 의식을 가질 수 있도록 투자해 민주 시

민이 공유하는 시설로 하자는 것이다. 중산층 사람들도 이러한 공공 시설을 기꺼이 이용하고 싶어 할 정도의 좋은 수준으로 말이다.[12]

세금을 거두어 저소득층에 직접 나누어주는 것이나 공공 시설에 투자하는 것이나 재분배 효과를 가진다는 점에서 근본적 차이는 없다. 단순한 예로 비교하자면 전자의 경우 저소득층은 이 보조금을 자녀의 사립 학교 학비로 사용할 수 있고, 후자의 경우 저소득층 자녀가 학비 없는 공립 학교에 다닐 수 있다는 정도의 차이일 것이다.

재분배의 심도에는 어느 정도의 폭으로 이 정책을 수행하는지가 더 중요하다. 샌델이 바라는 것처럼 부자와 가난한 자가 같이 이용하고 싶어 할 정도가 되기 위해서는 공공 시설에 대한 투자가 광범위하게, 좋은 수준으로 이루어져야 할 것이다. 이렇게 되는 경우 그 사회는 필연적으로 높은 조세 부담률과 폭 넓은 공공 분야를 필요로 할 것이다.

샌델의 저서에서 발견되는 공동체주의의 추가적 조세 정책적 함의로는 높은 조세 부담을 계층별로 어떻게 나눌 것인가에 관한 것이다. 샌델은 (롤스의 판단에 동의하면서) 지능, 체력, 외모 등 행운으로 얻은 이득을 온전한 개인의 소유물로 보기는 어렵다고 보았으며, 개인의 성과는 공동체의 조력으로 형성된 것이라고 했다.

　미국 사회의 심각해지는 양극화와 관련해서도 샌델은 강한 우려를 표시했는데, 민주적 시민 의식을 이루는 중요한 바탕인 연대 의식(Solidarity)이 깨어진다는 점을 제일 부정적으로 바라보았다. 부자와 빈자의 차이가 커지면 그들은 서로 접촉할 기회가 없어진다는 것이다. 부자와 빈자는 거주지가 다르고(교외의 사설 경비원이 지키는 주택지와 도시의 주거 지역), 학교가 다르고(사립 기숙 학교와 공립 학교), 방문하는 시설이 다르다. 공동체의 일원으로 연대 의식을 키울 공간과 기회가 없어지는 것이다.[13] 강한 소득 재분배의 필요성을 함의하는 내용이다.[14]

샌델의 롤스 정의론 비판

공동체주의자 샌델은 그의 저서에서 롤스 정의론의 업적을 인정하면서도 그의 한계를 강하게 지적했다. 샌델은 1982년 저서 《자유주의와 정의의 한계》에서 롤스의 정의론 내용을 철저하게 분석하고 공동체주의적 관점의 비판을 제기해 영미권에서 커다란 주목을 끌었다.[15] 그의 롤스 정의론 비판의 중요한 네 가지 관점은 첫째 자유주의의 개인주의적 접근의 한계, 둘째 공유 자산(Common Assets)과 분배 정의(Distributive Justice), 셋째 좋음 (The Goodness: 선함)과 올바름(Justice, Rightness: 정의로움)의 관계에 대한 인식, 그리고 마지막으로 사회계약론적 접근(원초적 상황의 가정)을 통한 정의의 원칙(차등의 원칙)의 정당화가 충분한지 여부다.

자유주의의 개인주의적 접근의 한계

공동체주의자들은 자유주의자들의 정의관이 제공하지 못하는 점을 보완하고 있다. 공동체주의자들은 자유주의적 가치를 부정하지 않으면서 공동체의 필연적 영향력을 언급한다. 자유주의자들의 개인주의적 접근의 한계는 공동체주의자들의 자유주의 비판의 핵심이며, 공동체주의자들 스스로의 정체성을 확인하는 근간이다. 공동체주의자들은 개인이 이성에 의해 계약적 합의를 통해서 사회를 구성한다는 자유주의자들의 가상적 전제가 개인의 인격이 공동체 안에서 교육 및 형성된다는 점을 반영하지 못하고 있다고 지적한다. 개인의 도덕적 자아를 형성하는 데 커다란 영향을 미친 공동체 기반 위에서만 개인의 좋은 삶의 추구가 가능하다는 것이다.

자유주의의 개인주의적 접근의 한계에 대한 공동체주의자들의 지적은 타당한 측면이 있을 것이다. 다만 이러한 비판이 롤스 정의론의 주된 내용을 부정할 수 있는 성격의 것이냐에 대해서는 긍정적으로 보기 어렵다. 공동체주의자들의 비판은 롤스 정의론의 주요 요소들(무지의 장막의 가정적 전제, 차등의 원칙 그리고 재능의 우발성)에 대한 비판이 아니다. 다만 개인이라는 자유주의적 존재를 기준으로 정의론을 전개하는 것에 비판의 포인트를 맞추고 있다.

사람들이 속한 공동체는 도덕성 함양의 장이며 뿌리이기도 하지만, 개인 자유의 강한 제약을 의미하기도 한다. 공동체에 속해 있으면 속한 그 공동체가 가치를 부여하는 미덕, 예를 들어 애국주의(Patriotism: 국산품 소비, 이민 제한 등 많은 이슈), 종교적 신념, 가족과 가정에 대한 가치에서 자유롭기 어려운 측면이 있다. 개인은 공동체라는 큰 이야기의 일부(서사적 관계)라지만, 역사에서 큰 이야기가 개인의 작은 이야기를 덮어버리는 경우는 흔하다. 독일의 제3제국 시기, 미국 남부 백인 사회의 노예제 옹호 분위기, 미국 서부의 개척 시대 인디언 학살과 토지 강탈 문제, 한국전쟁과 국시로서 반공 이념 등이 그런 것이다. 개인 정체성의 큰 부분이 공동체에서 함양된 가치 체계에 근거한다는 것을 인정하더라도 동시에 공동체의 가치 체계는 개인 자유의 속박을 의미하기도 한다.

개인이 직면하는 공동체의 영향력과 공동체가 필연적으로

요구하는 도덕적 가치에 대한 태도는 개인에게, 그의 자유와 도덕에 대한 실존적 선택의 문제로 남겨두는 것이 낫지 않을까. 공동체적 뿌리를 정의론적 해결 방법에 반영하는 것, 즉 공동체에 속한 개인을 두고 정의론을 전개하는 것이 가능할까. 롤스가 제시한 두 가지 정의의 원칙의 내용이 현재에 사는 개인에게 그가 속한 공동체의 가치에 헌신하는 것을 방해할까.

롤스의 정의의 원칙이 요구하는 것은 사회의 기본 구조가 개인의 평등한 자유, 기회의 평등 그리고 분배의 불평등을 사회 구성원 전체에게 이로운 정도까지만 허용하는 것이다. 롤스는 이 정의의 원칙이 개인의 가치 추구에 우선하는 것으로 생각했다. 그러나 정의의 원칙의 내용이 자유주의적인 그리고 개인주의적인 보편적 내용을 담고 있는 이상 개인의 문화적·역사적·종교적인 공동체적 가치 추구를 방해할 개연성은 희박하다. 만약에 사회의 어떤 공동체에서 요구하는 가치가 롤스의 정의의 원칙에 요구하는 내용과 충돌한다면, 오히려 그 공동체에서 추구하는 가치가 지나치게 경도된 것 아닐까. 지나치게 경도된 공동체의 가치에 개인이 헌신하는 걸 좋은 삶이라고 보기는 어려울 것이다.

공유 자산과 분배 정의

샌델은 그의 저서 《자유주의와 정의의 한계》 2장 '소유, 보상, 그리고 분배 정의(Possession, Desert, and Distributive Justice)'에서 공유 자산, 보상 방식 그리고 분배 정의 문제에 비판을 제기했다.[16]

롤스의 차등의 원칙은 사회적·자연적 행운과 재능의 우발성 문제에 대한 근본적인 다른 접근이다. 이 과정에서 롤스는 사회적·자연적 행운에 힘입은 개인의 재능을 사회의 공유 자산으로 여겨야 한다고 보았다. 스스로의 노력으로 획득한 것이 아니기 때문이다. 노직은 사람의 자연적 자산(재능 등)을 공유 자산으로 보는 시각은 자유주의가 침범 불가능한 영역으로 중요시하는 개인의 권리와 충돌한다고 보았으며, 사람과 그의 재능을 구분해내는 것을 자연스럽지 않게 여겼다.[17]

샌델은 그러나 사람의 지적 능력이나 노력이 공공을 위해 사용되는 것을 그 사람을 남용하거나 유린하는 것으로 볼 수는 없으며, 지속적인 정체성을 가진 사람과 그에게 비본질적인 추가적 능력은 구분해서 볼 수 있다는 견해를 취했다.[18] 그러면서 샌델은 롤스가 그의 이론을 공공(Common), 전체(Collective), 사회 공동체(Social Union) 개념에 상당 부분 의존하고 있음을 지적했다.[19] 샌델은 또 범죄 행위에 대한 롤스의 입장이 단죄적(Retributive) 성격이라는 것과 차등의 원칙이 지닌 재분배적(Distributive)

성격의 부정합성을 지적했다. 재능의 우발성을 인정한다면 범죄적 성향의 우발성도 인정해야 하며, 범죄에 대한 형벌도 자초한 게 아닌 것으로 보아야 한다는 것이다.[20] 샌델은 그러면서 이러한 부정합성이 롤스 이론의 위상을 전체적으로 훼손하는 것은 아니라는 점을 인정했다.[21]

좋음과 올바름의 관계에 대한 인식

공동체주의자들의 롤스 정의론에 대한 세 번째 비판 포인트는 좋음과 올바름의 관계에 대한 것이다. 공동체주의자들은 정의로운 사회는 공리주의자들처럼 사회 구성원의 효용을 극대화하거나 자유주의자들처럼 (가정적 전제하에서) 선택의 자유를 보장하는 것만으로는 이루어지지 않는다고 여긴다. 정의로운 사회를 이루기 위해서는 좋은 삶이 무엇인지 함께 숙고해야 하며 그 과정에서 필연적으로 발생하는 의견 불일치에 대해서도 호의적인 공적(公的) 분위기를 만들어가야 한다는 것이다. 정의로움은 미덕을 함양하고 공공재에 대해 숙고하는 일을 포함하는 것이라고 했다. "정의로움은 분배를 옳게 하는 데 그치는 것이 아니라 가치 판단을 잘하는 것이기도 하다(Justice is not only about the right way to distribute things. It is also about the right way to value things)."[22]

롤스는 완결적인 도덕 이론(a full moral theory)은 올바름뿐 아니라 좋음에 대해서도 포괄하고 있어야 한다고 말했다. 그러나 롤스는 올바름을 선한 것과 연관시키지 않고 독립적으로 정의했으며, 개인의 정체성을 공동체와 무관하게 설정했다. 반면 그의 차등의 원칙은 출발부터 공동체 이론(a theory of community)에 의존했다. 롤스의 정의 개념에서 공동체는 매우 중요한 위치에 있다. 그의 정의의 원칙은 공동체 이론을 필요로 하면서도 선의 이론(a theory of the good)을 정의로움보다 선결적인 것으로 보기보다는 보완적인 것으로 보았다.[23] 롤스는 정의의 추구가 선의 추구보다 더 높은 수준의 의미를 갖는 것으로 본다. 정의가 선에 앞서는 것이다.[24]

샌델은 그러나 하나의 공동체로 구성된 사회는 존재하지 않으며 수많은 개별적 공동체는 서로 다른 가치를 추구한다고 본다. 그런데 공동체는 고유의 가치들[25]에 대한 "복종(Allegiance)"을 요구하고[26] 개인이 공동체에 소속되는 것도 우발적(Arbitrary)이지만 여러 공동체가 지향하는 가치들이 형성되는 것도 우발적이라고 판단했다. 결국 일반적인 사회를 전제로 만들어진 정의로움의 개념을 다양한 개별 공동체의 가치나 선보다 우선해야 할 명확한 근거는 없다는 것이다.[27]

자유주의는 기본적으로 정부가 도덕적·종교적 문제에서 중립을 지켜 무엇이 좋은 삶인지 개인이 스스로 선택할 수 있도록 하자는 철학이다. 롤스의 정의론은 이러한 중립적인 정치적 태도를 철학적으로 옹호하는 입장이다. 샌델 같은 공동체주의자들은 그러나 공동체와 연대 의식에 대한 강한 인식을 넘어 공개적인 정치의 장에서 도덕과 종교 문제에 대해 좀더 적극적인 논의 (a more robust public Engagement with moral and religious questions)를 해야 한다고 주장한다.[28] 샌델은 1993년에 롤스가 《정치적 자유주의》[29]를 출간하면서 그의 입장을 일부 수정했다고 적었다.[30] 롤스는 개인의 삶에서 특정한 종교적·철학적·도덕적 신념으로부터 거리를 두는 것은 생각할 수 없는 일이라고 했다. 그러나 정의와 권리에 대해 논할 적에는 개인의 종교적·도덕적 신념을 미뤄두어야 한다는 입장을 유지했다. 롤스는 이를 현대 사회에서 널리 퍼진 좋은 삶에 대한 합리적 다원주의(the fact of reasonable pluralism)를 존중하기 위해서라고 했다. 사람들의 종교적·도덕적 태도의 차이는 논의를 통해 일치될 수 있는 성격의 것이 아니며, 이러한 논란에서 어떤 한편에 서는 것은 정치적 자유주의의 역할이 아니라고 보았다.[31] 결국 롤스는 1971년의 《정의론》 이후 1993년의 《정치적 자유주의》를 통해 자신의 견해에 대한 설명을 내놓았을 뿐 기본적인 입장에 변화는 없었다. 그의 정의의 원칙은 1971년의 저서나 1993년의 저서나 이러한 관점에서 동일한 내용을 담고 있다.

그러나 샌델은 정의와 권리에 대한 논의를 좋은 삶에 대한 논의와 분리하려는 시도는 두 가지 이유로 잘못된 것이라고 보았다. 우선 중요한 도덕적 문제의 해결 없이 정의와 권리의 문제에 대한 결정이 가능하지 않고 또 가능하다고 해도 바람직하지 않다는 것이다.[32] "정의로운 사회는 효용을 극대화하거나 선택의 자유를 보장하는 것으로 성취되지 않는다(A just society can't be achieved simply by maximizing utility or by securing freedom of choice)."[33] 좋은 삶의 의미를 같이 고민하고 필연적으로 생기게 마련인 이견에 대해 호의적인 공적 분위기를 조성해나가야 한다는 것이다.

롤스는 선을 합리적 욕구나 요구가 채워지는 것으로 정의했다. 어떤 사람의 복리에서 그가 합리적으로 설정하는 장기적인 인생 계획이 중요한 것이며, 그게 이루어지면 그 사람은 행복한 것이다.[34] 모든 이는 자신의 현실 상황을 잘 반영하는 합리적인 인생 계획을 가지고 있고, 자신의 활동을 그가 바라는 내용이 서로 충돌하지 않고 실현될 수 있도록 조율할 것이다. 사회의 중요한 기본적 재화가 정의의 원칙에 따라 분배될 때 기준은 그러나 그 기본적 재화의 사용을 통한 만족도 수준이 제1원칙에 따른 균등한 배분이나 제2원칙(차등의 원칙)에 따른 배분에서 기준이 되는 것이 아니라, 그 기본적 재화의 규모 자체가 기준이라는 것이다.[35] 개인은 이렇게 배분된 기본적 재화를 바탕으로 자신의 인생 계획을 적절하게 조정할 수 있는데, 롤스는 선을 이 개인적인 조정의 합리성으로 파악했다.

사회계약론적 접근을 통한 정의의 원칙의 정당화

사회계약론적 접근은 롤스에게 있어 정의의 원칙의 논리적·도덕적 정당성 부여라는 측면에서 핵심적인 내용이다. 사회 계약에서는 당사자들 간에 합의를 통한 구속력 있는 규범의 선택이라는 구조가 절차의 공정성과 결과의 공정성을 담보해준다고 보기 때문이다. 이러한 계약론적 절차를 통해 비로소 (가상의 현실에서) 합의에 의해 선택된 정의의 원칙이 규범성을 가질 수 있는 것이다.

샌델은《자유주의와 정의의 한계》3장 '계약 이론과 정당화 (Contract Theory and Justification)'에서 이 절차의 각 단계에 대한 논리적 전개 과정을 모두 건드려보았다. 그는 이러한 원초적 상황이라는 가상적 현실을 상정하고, 여기서 당사자들로부터 동의를 구하는 형식이 과연 유일한 해결책인지 의문을 표시했다. 가상적인 현실이 아닌 실제 현실에서도 일상의 사람들이 도덕적 주체로서 공동체에 헌신하고 충성을 맹세한다. 왜 이러한 이들이 상호 존중과 이해를 바탕으로 협의해 도달할 수 있는 합의점이 가상의 특정한 현실에서 특정한 절차의 요건을 충족시키지 못했다고 해서 무시되어야 하는지 샌델은 의문을 제기한다. 일상적인 선택을 존중하면서, 갈등이 생기는 경우 가상적 현실에서 얻은 도덕적 가르침을 활용하는 방식은 어떤가?[36]

샌델은 원초적 상태에서 얻은 정의의 원칙은 "선택한 것이 아니라 본 것이며, 결정한 것이 아니라 발견한 것이다(What matters is not what they choose but what they see, not what they decide but what they discover)"라고 했다. 그리고 "원초적 입장에서 일어난 일은 계약이 아니라 상호 주관적인 존재로서 자기의식에 이르는 것이다(What goes on in the original position is not a contract after all, but the coming to self-awareness of an intersubjective being)"라고 결론지었다.[37]

그런데 그렇다면 롤스는 그렇게 생각하지 않았다는 말인가? 원초적 상황은 현실이 아니며 현실에 근접할 필요도 없는 것이다. 그러나 그 상황의 조건을 활용함으로써 참여했을 만한 당사자들의 생각을 의식적으로 재현시킬 수 있다. 원초적 상황을 설정해 사람들의 도덕적 판단과 정의로움에 대한 감각을 설명하는 것이다. 무지의 장막의 가정이 전제되어야 그곳에서 이루어진 사회적 합의가 개인의 특정한 이해관계로부터 자유로운 결정이라는 정당성을 확보할 수 있는 것이다. 롤스의 가상적 현실은 실제 현실에서 사용할 정의의 원칙에 정당성을 부여하기 위한 논리적 축약 수단일 뿐이다. 이러한 측면에서 롤스의 생각은 샌델의 견해와 차이가 없어 보인다.

———

좋은 삶에 대한 개인의 의견은 다양하며 그가 속한 공동체마다 다른 가치 체계를 함양한다. 어떤 삶이 좋은 것인지에 대한 선택은 역시 개인의 몫이다. 롤스가 말하는 선에 대한 정의의 우선성에 관한 샌델의 이의 제기, 정의가 좋은 삶에 대한 개인의 선택에 한계를 두는 게 바람직하지 않다는 것, 구체적이고 현실적인 선에 대한 여러 가지 대안보다 정의가 우선이라는 롤스의 주장이 무리한 추상적인 것인지는 아직 여전히 논의 중이라고 보아야 할 것이다.[38]

09

센의 정의론

노벨상을 수상한 경제학자 아마르티아 센은 《자유로서의 발전》[1]
에서 자신의 정의론을 차별적인 자유의 개념 위에 정립했다. 센
은 자기실현 기회 중심의 접근 방식(Capability Approach)을 통해
세계에서, 특히 UN 같은 국제기구에서 폭넓은 인정을 받았다.

센의 정의론에서 자유의 개념

그에 따르면 자유는 내적인 가치인데, 자유는 사람들로 하여금
자기 결정이 가능한 삶을 살 수 있도록 해주기 때문에 중요하다.

자유는 방해되는 것이 없어야 하며(소극적 자유) 무엇보다도 스스로 원하는 대로 행동할 수 있어야 한다(적극적 자유). 자유는 그렇기 때문에 규범적인 목표이고, 그 자체가 목적이며, 사회는 구성원이 더 폭 넓은 자기실현의 기회(Capabilities)를 가질수록 더 정의롭다.

센에 따르면 자유의 구성적(Constitutive: 기본적인) 기능은 그 수단적 기능과 구별된다. 수단적 기능은 사람들에게 자유의 기본 가치와 자기실현 기회를 보장하는 수단으로서 활용된다. 수단적 기능으로 센은 다음을 열거한다.[2]

- 정치적 자유(비판, 거부권, 선거권 등)
- 경제 제도(자원, 교환 조건, 분배)
- 사회적 기회(교육, 보건)
- 사회의 투명성(언론의 자유, 부패 방지를 위한 정보 제공 의무 등)
- 사회 안전망(실업 보험, 사회 부조, 최저 임금 등)

센에 따르면 구성적 자유는 수단적 자유의 규모에 좌우된다. 그는 여러 경험적 연구를 바탕으로 수단적 자유들 간에 상호 작용과 보완성의 관계가 존재함을 보여주었다. 그에 따르면 소득은 복지와 실현 기회라는 측면에서 매우 중요한 요인이지만, 다른 요인들도 마찬가지로 중요하다고 보았다. 그는 그 근거로서 나라들의 소득 수준과 그 국민의 기대 수명은 명확한 관계에 있지 않다는 것을 보여주었다. 1인당 소득이 한결 낮으면서도 평균적인 기대 수명은 소득 수준이 같은 수준으로 낮은 다른 나라들보다 상대적으로 높은 나라들이 있기 때문이다.[3]

센의 자기실현 기회 중심의 접근 방식

사람들이 더 나은 생활을 가능하게 하는 것 혹은 더 만족스럽게 살 수 있게끔 해주는 물질적 조건을 소득 혹은 재화라고 하면, 센은 이 특정한 재화의 조합이나 (더 일반화해서) 특정한 소득 수준의 사용에서 사람들이 도달할 수 있는 것은 여러 가지 우연적인 상황적 조건에 따른다고 보았다. 이는 개인적인 것이기도 하고 사회적인 것이기도 한데, 센은 이를 다섯 가지로 분류했다.[4]

> 1. 개인적 특성: 사람은 각각 다른 육체적 특성을 가진다. 아프거나 장애인이거나 나이가 많거나 성(性)으로 구별된다. 이러한 특성은 각각 다른 수준의 기본 재화나 소득을 필요로 한다. 예를 들어, 아픈 사람은 치료를 위해 더 높은 소득이 필요하다.

2. 환경의 차이: 기후의 차이, 강수량의 차이 등. 추운 곳에서는 난방을 위해, 열대 기후에서는 전염병 대처를 위해 필요 수준이 높아질 수 있다.

3. 사회 분위기의 차이: 교육 시설, 범죄율 등. 특정한 지역이나 공동체가 보유하고 있는 사회 자본의 차이도 개인이 그의 소득이나 자원으로 도달 가능한 생활 수준에 차이를 만든다.

4. 외적 차림에 대한 요구 수준의 상대적 차이: 사회마다 최소한의 외적 차림에 대한 요구 수준이 다르다. 소득이 높은 공동체일수록 이 요구 수준이 높을 수 있다. 예를 들어, 일정한 소득 수준의 사회에서 셔츠나 신발 없이 공공장소에 나타나는 것은 개인에게 감당하기 어려운 수치스러운 일로 받아들여질 수 있다.

5. 가족 관계: 가족 구성원이 소득을 공동 사용하는 경우가 많으므로, 어떤 가족 관계냐에 따라 개인의 도달 가능한 생활 수준에 차이를 만든다.

센은 이러한 차이에 입각해 구체적인 상황에서 정의로움을 평가하기 위해 객관적 가능성으로서 존재하는 자기실현 기회의 정도를 계량화할 것을 제안했다. 자기실현 기회를 센은 여러 요인의 함수로 보았다. 사람들은 각각의 차별적 환경에서 개인적으로 각각 다른 내재된 조건이나 능력을 가지고 있으며, 각각 다른 사회적 관계에 묶여 있고 또 각각 다른 선호도를 가진다. 결국 자기실현 기회도 매우 다르다. 그러므로 계량화는 개인에게 주어진 객관적으로 선택 가능한 행위나 재화의 조합을 중심으로 이루어진다. 부유한 나라에서 건강이나 종교적인 이유로 단식을 하는 사람과 가난한 나라에서 굶주리는 사람은 서로 다른 선택 가능성을 갖는 것이다.[5]

후생경제학에서 후생 수준은 개인의 효용에서 비롯되는 것으로 보며 공리주의 또한 개인의 주관적 효용에서 출발한다.[6] 센은 바로 이 효용 개념의 불확정성과 복합성에 착안한다.

센에게 있어 재화(G)는 인간의 효용을 충족해주는 다양한 특성(C)을 가진다. 개인은 재화의 특성에서 효용으로 전환시킬 수 있는 능력을 가지며, 이를 센은 능력함수(F)라고 했다. 이 능력함수는 개인의 개별적 능력 혹은 개성을 표현한다. 효용함수(U)는 또한 재화의 특성과 개인 효용의 관계를 설명한다. 마지막으로 평가함수(B)는 개인의 능력에 대한 평가를 표현하며, 이는 어떻게 개인이 구체적 대안에서 얻어내는 능력(F)을 평가하는지를 보여준다.

후생경제학에서는 재화에서 효용이 바로 도출($G \rightarrow U$)되는 것으로 여기지만, 센의 경우는 재화에서 능력이 평가되는 것으로 본다($G \rightarrow F \rightarrow B$). 이것이 동어반복(Tautology)이 아니라고 보는 이유는 우선 사람들이 효용(U)에 대해 만족하지만 능력(F)을 통해서 얻은 사회적 위치(B)에 대해 공정하지 않다고 여기는 경우도 가능할 수 있기 때문이다. 역으로 개인이 의거해 살고 있는 기본적 가치(B)에 개인 중 효용(U)을 극대화하는 선택이 맞지 않는 경우도 가능하다. 또 의미 있는 삶으로 이끄는 결정(B)이 효용(U)을 극대화하는 결정과 차이 나는 경우도 가능하다고 보기 때문이다. 쉽게 말하자면 공리주의자 밀이 말하는 바와 같이 만족하는 돼지의 상태에 인간은 만족할 수 없는 경우가 존재할 수 있다는 것이다.

후생경제학에서는 실제로 실현된 대안만이 역할을 하며, 선택 과정이나 개인이 선택의 대상으로 삼았던 가능성은 역할을 하지 못한다. 센의 정의론에서 개인은 여러 대안 중 선택이 가능한데 이 선택의 대안들이 의미를 가지며, 이는 예를 들자면 경쟁시장에서 구매하기 위한 예산(Budget)과 같은 의미로 볼 수도 있다. 개인은 이러한 선택 가능성을 가지며, 이 선택 가능성은 개인에게 일종의 자유도(Degree of Freedom)을 의미한다. 이는 개인이 가진 실현 기회를 의미한다고 보아도 좋다.

후생경제학에서는 개인이 가진 자유도가 낮은 수준인 경우라도 누리는 효용 수준은 높을 수 있다. 즉, 후생경제학에서는 개인의 자유와 선택 개념이 들어설 공간이 없다는 것이다. 말하자면 정의로움을 논하게 되는 객체(Object)는 각각 다음의 기반 위에서 가능하다.

1. 재화에 대한 직접적인 정보(GDP 혹은 지니계수 등)의 기반 위에서(G)
2. 개인에 대한 효용 정보의 기반 위에서(U)
3. 개인의 재화나 선택에 대한 평가 정보의 기반 위에서(B)
4. 그리고 재화의 가격과 양의 정보의 기반 위에서

모든 평가에 대한 결정은 각각 다른 근거를 가진다. 개인의 능력과 실현 기회에서 출발하는 정의론은 효용(U)과 평가(B) 사이에 결정적 함수 관계는 성립하지 않는다고 본다. 그렇기에 이러한 정의론은 후생경제학과 결이 많이 다르다. 그러나 정의로움을 판단하는 개인이 중심에 있기에 개인주의적 접근임에는 틀림이 없다. 다만 개인의 효용이 아니라 사회가 개인에게 제공하는 인생의 목표에 대한 실현 가능성을 중심에 둘 뿐이다. 그렇기에 이러한 정의론은 후생경제학보다도 더 개인주의적이고 자유주의적인 세계관에 상응한다. 개인의 가치, 바람, 사고의 한계에 대한 정보가 불완전한 세계에서는 이러한 정의관이 오히려 개인의 사적 영역의 보호와 관련해 더 어울리는데, 이 같은 정의관은 자기실현의 기회에만 관심을 둘 뿐 실제로 실현하는지 여부는 개인에게 맡기는 것이기 때문이다.

자기실현 기회의 확대를 위한 사회와 세계의 노력

이렇게 센은 후생경제학보다 더 자유주의적 입장을 택하면서도 다른 한편 빈곤 문제에 큰 관심을 보였다. 센은 정의론과 관련해 빈곤 문제를 심각하게 보는 이유로 빈곤 상태에 있는 개인은 자기실현 기회를 갖지 못하게 된다는 측면을 지적한다.[7] 자기실현 기회라는 측면의 이 정의관은 1990년 이후 《세계 개발 보고서 (World Development Report)》의 인간개발지수나 빈곤지수 개념에 반영되고 있는데, GDP와 달리 여기에서는 사회의 복지 수준을 몇 가지 척도에 따라 판단한다. 성공적인 삶을 결정하는 요인을 말하는 이 척도들은 자기실현 기회를 좌우하는 기본적 자유권으로 비판, 선거권 등 정치적 자유와 경제 거래가 이루어지는 제도와 환경, 교육과 건강 같은 사회적 기회, 어느 정도 수준의 물질적 기반을 갖춘 사회 안전망 등 앞서 설명한 자유의 수단적 기능을 말한다.

　센은 한 사회에서 어떤 자기실현 기회를 바람직한 것으로 볼지를 결정하기 위해 민주적 숙의 과정(Democratic Discourse)에 바탕을 둔 참여적인 사회적 결정이 필요하다고 보았다. 이러한 방식으로 개인에게 결정되는 자기실현 기회가 사회적 관계에 연결되는 것이다. 현실적 자유는 그렇기에 자신의 기회를 참여를 통해 실현하려는 적극적인 시민을 요구한다. 센은 이를 통해 공화주의적-자유주의적 정치관을 표현하고 있다. 참여적인 숙의 과정은 자기실현 기회 중심의 접근 방식은 물론 사회 변화와 함께 지속적으로 새로워져야 한다는 것이다.[8]

센은 그의 정의론에서 개발도상국의 상황과 발전 정책 그리고 글로벌화한 세계의 상황을 염두에 두고 깊이 고려했다. 그는 정의론을 어디에서나 누구에게나 적용되는 일반적인 것으로 볼 것인가, 혹은 어떤 특별한 한 나라의 상황에 입각해 볼 것인가에 대해 연구했다. 어떤 관점에서 보느냐에 따라 다른데, 공리주의나 칸트의 윤리관은 보편적이고 일반적인 것이나, 공동체주의의 관점은 지역적이고 특별한 것이며 한 나라 안에서도 사회 공동체와 그룹에 따라 각각 다른 관점을 가지는 것이 일반적이다. 보편주의적 접근이 분명하고 거부하기 어려운 관점을 제시하는 것으로 보이기는 하지만, 이를 실행할 세계 정부 같은 필요한 강제력과 재원을 갖는 글로벌한 기관이나 제도를 필요로 한다는 현실에 직면하게 된다. 여기에 해당할 수 있는 UN 같은 기관이 그

가능성이나 수단을 가지고 있지 못한 것은 자명하다.[9]

센은 대신에 다중적 해결책의 개념을 제시했다.[10] 글로벌하게 적용되는 정의로움의 발전을 위해 모든 국제적인 기관이―국가들 간의 계약이나 다국적 기업(예를 들어, 공정 임금 문제에서)에서 사회 단체와 비영리 기관, 비정부 기관까지 포함해―정의로운 사회를 만들어가는 작업에 기여하고 참여하는 것을 말하고 있다.

센의 롤스 정의론 비판

센은 그가 롤스에게 헌정한 저서 《정의의 개념》[11]에서 정의론은 실질적 사유의 기초로서(as the basis of practical reasoning) 완전하게 정의로운 사회의 성격에 목표를 두기보다 불의를 줄이고 정의를 발전시키는 방식에 대한 판단을 포함해야 한다고 주장했다.[12] 롤스의 정의의 원칙이 사람들이 영위하는 삶의 내용보다 지나치게 사회적 제도에 집중하는 게 부적절했음을 지적한 것이다.[13]

센은 사람들이 영위하는 삶에서 무관하지 않은 정의는 정의에 대한 성취에 기초한 이해(an accomplishment-based understanding)를 필요로 한다고 보았다.[14] 아울러 사회적 제도에 대한 정의의 원칙에서 전적으로 사회적 기본재(Primary Goods: 권리와 자유, 기회, 소득이나 재산, 자존을 위한 사회적 기반 등)에 의존한 롤스의 차등의 원칙에 회의적인 시각을 보였다. 그리고 자기실현 기회와 그 기반은 개인의 차별적인 환경에서 다르게 작용하기 때문에 상당한 거리가 있다고 보았고, 사회적 기본재를 중심으로 정의의 원칙을 구성하는 것은 기반을 중심으로 개인의 차별적 환경에 대한 고려 없이 이루지는 것이므로 개인의 자기실현 기회와는 거리가 있다고 판단했다.[15] 물론 롤스도 신체 부자유자에 대한 특별한 고려 같은 것을 빠트리지 않았으나 이 내용이 롤스의 정의의 원칙을 구성하는 요소는 아니다. 롤스는 분배적 공정성을 위한 정의로운 사회적 제도의 기준에서 자기실현 기회를 위한 충분한 공간을 허용하지 않았다는 것이다.[16]

센은 롤스 정의론 비판에서 롤스가 그의 정의의 원칙에 추가로 제시한 두 가지 보완적인 규정 중 첫 번째인 '자유 우선의 규정(자유는 단지 그 제약이 전체 자유의 체계를 강화하고 모든 이가 이에 동의하는 경우에만 제약된다)'에 집중했다. 롤스가 정의론에서 자유의 가치를 어떤 것에 비해서도 최우선적인 것으로 설정한 걸 극단적인 입장이라고 비판한 것이다.

우선 센은 평등적 자유주의자 롤스의 입장이 노직 같은 자유지상주의자의 '자유 우선' 태도와는 차원이 다르다는 점을 인정했다. 노직 같은 자유지상주의자들은 그들의 자유와 소유권에 대한 타협 없는 우선순위 설정이 현실에서 초래할 귀결에 관심을 전혀 두고 있지 않으며, 결과적으로는 많은 이의 자유에 실제적인 제약을 야기한다고 보고 있다. 이들이 개인의 자유에 포함시키는 권리의 범위가 매우 폭 넓은 반면, 평등적 자유주의자 롤스는 그의 '자유 우선 규정'에서 자유 개념을 상대적으로 좁게 설정하고 있다고 판단했다. 소유권 등을 포함하지 않은 정치적·시민적 활동에서의 개인적 자유만을 포함하고 있다는 것이다.

롤스가 생각하는 자유의 범주가 자유지상주의자들보다 좁기는 하나 이런 협소한 범위의 자유에 대해 그가 정의의 원칙에서 다른 범주의 요구(경제적 필연성)보다 강력하게 우선순위를 주장했다고 센은 비판한다. 센은 왜 기아, 영양이나 의료 혜택의 심각한 결핍을 개인적 자유의 훼손보다 상대적으로 중요치 않은 것으로 여겨야 하는지 의문을 제기한다.[17]

센은 롤스가 말하는 사회 기본재가 사람들에게 공평하게 제공되는 것만으론 부족하고 그 외에 더 주의를 기울여야 할 것으로 기본재(이를테면 실질 소득)가 개인의 삶의 질을 향상시키는 데 기여할 수 있는 능력(Conversion)에는 큰 개인차가 존재한다는 것을 지적한다. 예를 들어, 같은 기본재를 통해 얻을 수 있는 효용은 장애인과 비장애인에게 차이가 있으며, 임산부의 경우 월등하게 높은 기초재에 대한 요구가 존재할 수 있다는 것이다.[18]

롤스는 후일 센이 지적한 내용 중 자유 우선 규정이 지나침을 인정하고, 그의 1993년 저서 《정치적 자유주의》에서 정의의 원칙을 1971년 저서 《정의론》의 내용과 조금 다르게 구성했다. 정의의 원칙 내용을 그대로 유지하면서 보완적인 자유 규정의 우선성을 약하게 표현한 것이다.

센이 요구하는 수준으로 개인의 차별적 환경을 반영하거나 자기실현 기회를 계량화하는 방식을 수용한 정의론이 현실 부합성 측면에서 우월할 것으로 보인다. 롤스의 정의의 원칙은 개인의 차별적 환경을 제대로 반영하지 못하는 측면이 존재한다. 그러나 사회 기본재의 분배 방식에 국한된 롤스의 정의의 원칙이 제공하는 명확성을 수반하는 규범적 구속성 또한 가치 있는 장점으로 여겨진다. 그 때문에 센이 요구하는 차별적인 환경의 반영은 정의의 원칙에 담지 않고 다른 방식으로 이루어질 수 있으며, 그게 더 나을 수도 있을 것으로 보인다.

10

롤스 정의론에 대한 평가

롤스는 《정의론》에서 사회철학, 그중에서 정치경제학, 특히 분배의 철학을 다루고 있다. 미시경제학, 공공경제학의 깊은 지식을 바탕으로, 분배와 관련된 (후생)경제학의 이론과 태도에 대해 분석과 함께 분배를 포함한 경제 및 정치에 관한 정의의 원칙을 제시한다. 온정주의와 이념을 넘어 자유주의자로서, 민주주의자로서, 합리적 이성론자로서, 현대 민주 정치 체제의 이론적 토대를 제공하는 사회계약론적 입장에서 정치와 경제 체제가 평등과 분배를 좀더 추구해야 하는 철학적 근거를 제시하는 것이다.

정의의 원칙의 독창적 성격

정의의 원칙의 제1원칙과 제2원칙, 두 가지 모두 개별적으로는 당대에 많이 알려진 내용이다. 롤스는 이를 1958년 논문 〈공정성으로서의 정의〉 주 3에서 설명한다. 롤스는 제1원칙의 '모두에게 평등한 자유' 개념은 칸트에게서, 그리고 밀(《자유론》) 같은 여러 자유주의적인 학자들의 저서에서 발견할 수 있는 내용이며, 제2원칙의 정신인 공공의 이익에 기여하지 못하는 불평등은 정의롭지 못하다는 생각도 당시 여러 정치학 분야의 글에서 광범위하게 발견된다고 설명한다.[1] 롤스는 다만 이 두 가지 아이디어를 이렇게 서로 보완하는 내용으로서 조합하는 선택을 하고, 이를 정의의 원칙으로 구성한 것은 다른 학자들의 저술과는 구별되는 것이라고 했다.[2]

정의론과 정의의 원칙에 의거해 롤스가 사회에 제공한 기여의 가장 중요한 부분은 아마도 사회계약론적인 무지의 장막의 상황 설정을 통해 스스로가 고안한 정의의 원칙에 논리적 정당성을 부여한 점일 것이다. 가상적인 상황 설정을 통해 이해관계 중립적이면서도 만약의 상황에 대비하는, 그러므로 결국 스스로에게 유리한, 그러면서도 참여자들이 사회 정의에 부합한다고 여길 만한 원칙을 찾아나가는 의사 결정 과정을 논리적으로 빈틈없게 설명하고 있다.

　롤스가 스스로 제안한 정의의 원칙에서 차등의 원칙이 정당하다고 보는 내용적 근거로는 개인 능력의 우발성과 위험 기피적인 사람의 행태를 바탕으로 한 보험적 동기를 들고 있다.[3] 롤스는 이러한 개인 능력의 우발성으로 인해 시장에서의 경제적 성과를 당사자인 개인에게 귀속시킬 도덕적 정당성이 희박함에도 불구하고 현실 경제에서 실제적으로 작용하는 경제 활동에서 인센티브의 중요성을 인정하고, 경제적으로 가장 열악한 상황에 처한 사람의 여건 개선이라는 기준(차등의 원칙)을 통해 공적인 도움이 되는 불평등을 예외적으로 인정했다. 도덕성과 논리를 다루면서도 결과적으로 사회가 추구해야 하는 기본적 가치(즉, 구성원에게 실질적인 자유의 확대)에 부응하도록 정의의 원칙을 매우 실용적으로 구성했다. 롤스의 정의의 원칙은 또한 사회의 기본 구조, 즉 중요한 모든 제도나 기관에 모두 적용 가능하기에 광범위하다.

롤스는 평등주의자인가

롤스를 극단적 평등주의자라고 평가하는 이들이 있다. 롤스의 정의론이 평등을 원칙으로 하고 있으며, 어떤 경우 예외를 허용할 수 있는지에 대한 내용을 담고 있다는 점에서 그의 사고 출발점이 평등이고, 그를 평등주의자라고 말할 수도 있겠다. 그러나 왜 극단적 평등주의자라고 평가하는가. 그는 단순 평등을 주장한 적이 없다. 최빈자의 경제 상황을 기준으로, 최빈자의 경제 상황을 개선하는 것을 기준으로 생각해야 한다고 말하고 있다. 최빈자의 경제 상황을 개선하자면 경제 전체의 수준도 높아져야 하고 경제 활동에서 인센티브도 작동해야 한다. 어느 정도의 분배 정책이 적정할지는 그의 정의의 원칙 체계에서 열려져 있다. 그는 정의의 원칙을 원칙으로서 일반적으로 구성했을 뿐 어느 수준의 분배 정책이 적정할지는 항상 현실 정치적 문제로 남겨 두었다. 사회의 주변 상황에 따라 다를 수 있다는 것이다.

사회계약론적인 (혹은 롤스의) 정의론 관점에서 재분배적 조세 정책이 요구되는 것은 명확하다. 그러나 롤스의 정의론에 입각한 조세 제도가 추구하는 적절한 수준의 재분배 정책은 충돌하는 공평성(재분배)과 효율성 목표가 서로 조화를 이루는 수준을 말한다. 재분배로 인해 야기되는 비효율성이 커질수록 선호되는 재분배의 정도는 낮아진다.[4]

소득세의 세율을 중심으로 살펴보자. 롤스적인 사회후생함수에 입각한 소득세 관련 조세 정책의 함의는 조금 단순화하자면 최빈자를 제외한 다른 사회 구성원에 대한 소득세 세율을 정부 세수가 극대화될 때까지만 올리는 것이다. 이는 80~90퍼센트 세율 수준을 말하는 것이 전혀 아니다. 래퍼 곡선(Laffer Curve)이 말해주는 것처럼 어느 수준 이상의 세율에서 경제 활동에 대한 인센티브 하락으로 세율이 오르면 세수가 감소할 수 있는 것이다. 그 때문에 경우에 따라 소득 상위 계층에 대한 한계 세율을 더 낮추어야 한다는 정책적 귀결에 도달할 수도 있다(상위 계층의 노동 공급이 세율에 예민한 경우).

중요한 점은 롤스의 차등의 원칙은 자유주의적 사고의 논리적 연장에서 귀결된 것이라는 점이다. 자유주의자들은 이를 애써 외면하려 하지만 그런다고 부인할 수 있는 내용이 아니다. 롤스는 복지 정책이 가미된 자본주의 체제나 민주적 사회주의 체제가 모두 정의의 원칙을 실현하는 데 적합하다고 보았다.[5]

롤스는 가상적 무지의 상황을 설정함으로써 인간의 자유로운, 이해 중립적인 선택을 유도했을 뿐이다. 그 논리적 결과로서 최빈자의 경제 생활 개선에 더 이상 도움이 되지 않을 정도의 경제 활동 인센티브(즉, 소득 격차)는 사람들이 자유의사로 선택하지 않을 것(보험적 동기에서)으로 여겼으며, 그렇기에 '그의 정의론 관점에서' 정의롭지 않다고 하는 것이다.

롤스는 합리적으로 자신의 이익을 도모하는 존재인 개인이 무지의 장막 뒤에서 결정해야 하는 미래 사회 제도의 내용을 사회계약론의 틀에서 개발한 것이다. 롤스에게서 결정적인 것은 이 원초적 상태에서 모든 개인은 공정하다는 것이다. 미래 자신의 생존 상황에 대해 알지 못한다는 점에서 말이다. 무지의 장막을 통해 그는 개인이 미래에 누리게 될 생존 상황의 모든 정보를 걸러내는데, 이 장막은 충분히 두꺼워서 모든 개인은 동일한 결정 상황에 직면하게 되고, 결과적으로 사회 제도에 대해 일치된 의견으로 결정할 수 있게 된다는 것이다.

롤스가 정의론의 이론적 기반을 사회계약론에만 두고 있는 것은 아니다. 롤스에 따르면 사람들은 이성적인 존재로서 공정 혹은 정의롭다고 여겨지는 규정의 준수에 특별하게 구속감(혹은 긴밀하게 연결되어 있다는 감성)을 가진다는 것이다. 이러한 도덕적 의무 준수를 스스로 원하는 것, 그에 대해 거부하지 않으려는 태도는 롤스가 이마누엘 칸트로부터 이어받은 것이며 논증의 고리도 유사하다.[6] 그의 후기 저술에서 롤스는 칸트의 도덕철학적 전통을 강조하고 있다.

롤스의 정의론 사고 체계는 민주주의 사회에서 정치하고의 관계와 매우 호환적이다. 이는 현실과 유리된 추상적인 경제적 사고의 전형인 후생경제학과 비교하면 더 극명하게 드러난다.

롤스의 정의의 원칙과 차등의 원칙을 지금 한국 혹은 세계의 나라에서 사람들이 평범하게 경험 또는 직면하고 있는 경제 정책과 비교하면서 현실적인 눈으로 바라본다면 얼마나 평등적일까? 롤스가 평등성 혹은 균등성을 강조하고 있는 것은 명확하다. 롤스는 평등성을 포기할 별다른 이유가 없다면 평등한 것이 원칙이라는 입장을 견지하고 있다.[7] 그러나 롤스는 (단순한) 평등주의자가 아니다.

우선 정의의 원칙은 차등의 원칙으로만 구성되어 있지 않다. 제1원칙과 제2원칙으로 구성되어 있고, 차등의 원칙은 제2원칙의 한 부분이다. 차등의 원칙보다 더 중요하고 우선적으로 실현되어야 할 원칙으로서 롤스는 제1원칙, 즉 모든 이에게 가능한 가장 광범위한 수준의 평등한 자유를 규정하고 있다. 평등한 자유만을 추구하는 것이 아니라 평등한 자유가 가능한 한 높은 수준으로 실현되기를 바라고, 이것을 추구하는 사회가 정의로운 사회라고 보는 것이다. 차등의 원칙보다 제1원칙이 평등성을 강조하는 더 중요한 기준이라고 볼 수도 있다. 다만 제1원칙은 경제적 평등성보다는 정치적 자유의 평등성에 강조점이 놓여 있다.

그러면 경제적 평등성과 관련해 롤스의 차등의 원칙은 얼마나 평등적일까? 답변하기가 간단하지는 않다. 지나치게 평등적이어서라기보다는 차등의 원칙이 요구하는 내용이 사회적·경제적 상황에 따라 다르기 때문이다. 우리가 생각하는 것보다 롤스의 차등의 원칙은 현실에서 차등성과 불평등성을 많이 인내하려고 할 수도 있다.

한국의 정책 현실에서 자주 사용되는 용어로 '낙수 효과'라는 말이 있다. 낙수 효과는 정부가 기업이나 소득 상위 계층 친화적인(특히 감세 등의 조세 재정적 수단을 통한) 정책을 사용하는 경우, 그 효과가 기업이나 소득 상위 계층에 소득이나 자산을 늘려주는 데 그치지 않고 기업이나 소득 상위 계층의 투자나 소비 행위를 통해 경제가 활성화하고, 그 결과 소득 하위 계층에게도 일자리가 생겨나는 등의 방식으로 도움이 된다는 논리를 말한다. 이 낙수 효과는 윤석열 정부뿐 아니라 박근혜·이명박 정부 등 모든 역대 보수 정부에서 기꺼이 사용해온 논리이며, 거의 전적으로 의존하는 유일한 논리라고도 말할 수 있을 것이다. 우리나라에서뿐만 아니라 신자유주의 시기 미국의 레이건이나 영국의 대처 같은 이들이 말하고자 하는 바도 결국 이 내용에서 크게 다르지 않은 것이다. 문제는 그러한 효과가 현실에서는 나타나지 않았고, 기업과 소득 상위 계층에 대한 감세는 자산 및 소득의 지나친 양극화와 국가 부채 증가, 그리고 결과적으로 경제에 심각한 후유증을 남겼을 뿐이라는 점이다.

여기서는 현실에서 나타난 감세 효과를 생각하지 말고 낙수 효과라는 용어 자체와 당초의 순수한 기대 효과에만 생각을 집중해보자. 만약 기업이나 부유층에 대한 감세를 통해 실제로 낙수 효과가 생겨서 소득 하위 계층을 위한 일자리가 늘어나고 소상공인의 매출이 증가한다면, 혹은 감세가 아닌 다른 정책 수단을 통해, 예를 들어 고용이나 투자에 대한 보조금을 대기업에 지불하거나 중앙은행의 기준 금리 인하로 대기업에 자본 조달 비용을 낮추어주는 방식으로 순이익이 더 많이 생기게끔 해줘서 결과적으로 일자리가 늘어난다면, 롤스의 차등의 원칙은 이러한 대기업과 부유한 계층의 부를 늘려주는 정책에 동의하며, 이를 필요하다고 여긴다는 것이다.

2024년 한국 사회에서 큰 정책 과제로 대두된 의과 대학 정원 확대 문제를 들여다보자. 의과 대학의 정원을 오랜 기간 동결해서 진입 장벽을 두는 것은 고령화 사회의 의료 수요 증가에도 불구하고 의사의 수를 상대적으로 희소하게 가져감으로써 그들의 높은 급여를 보장해주는 수단으로 작용한다. 의사의 높은 보수는 정의로운가? 의사의 높은 보수는 의료 서비스의 질을 높게 유지하는 효과가 일부 존재해서 소득 하위 계층에게도 기여하는 부분이 전혀 없지는 않을 것이다. 의사 수가 늘어나면 국가 전체의 의료비 지출은 확대되고 건강 보험료 부담이 증가해 소득 하위 계층에게 부담을 늘리는 측면도 존재할 것이다. 그러나 취약 계층에 의료 서비스를 충분히 제공할 수 있다는 게 제일 중요한 것이다. 의사 수가 늘어야 가난한 시골 지역의 의료 서비스를 개선할 수 있을 것이다. 차등의 원칙 관점에서는 의대 정원 확대가 필요하다. 그러나 다른 한편, 의사의 높은 보수를 시골 지역으로 의사가 활동지를 옮기게 하는 것에 연계되는 방안을 찾는다면, 의사의 높은 보수가 차등의 원칙에 부합한다고 말할 수도 있을 것이다. 결국 현실 정합성을 감안한 실용적인 판단이 중요한 것이다.

낙수 효과나 의대 정원 확대 같은, 우리가 현실에서 부닥치는 예에서 살펴볼 수 있는 것처럼 사회적으로 열악한 사람에게 유리한 경우 허용되는 불평등이라는 차등의 원칙의 눈높이는 실제 평범한 시민이 일상에서 마음속으로 공감하는 정책 내용과 크게 다르지 않다.

어떤 특정한 사람(대기업 오너나 수십억 원대 연봉의 프로 야구 선수)의 소득이 높은 것이 문제가 아니다. 차등의 원칙은 사회의 기본 구조에 대한 본질적인 태도다. 권리와 의무, 소득과 부 그리고 기회가 평등한지에 대한 문제다. 고액의 보수가 열악한 사람의 상황을 개선하는 데 중점을 두는 사회 체제에서 나왔느냐의 문제다. 예를 들어, 소득세의 누진 세율이 확고하게 자리 잡아 그 세수입으로 열악한 사람들의 보건, 교육 등의 상황을 개선하는 사회에서 고액 보수가 가능했다면 문제가 없다는 것이다. 만약 그 체제에서 엄격한 평등을 추구하는 사회보다 열악한 사람들의 생활 여건이 더 개선된다면 말이다.[8] 중요한 점은 차등의 원칙이 지나치게 평등적이라고 볼 이유는 없다는 것이다.

롤스 정의론의 실용성과 현실 정합성

앞의 단락에서 평등성이 원칙이지만 롤스의 차등의 원칙은 현실에서 차등성과 불평등성을 많이 인내하고 있다는 설명을 제공했다. 차등의 원칙이 지나치게 평등성을 지향해서 현실 정합적이고 실용적이지 못하다는 생각은 근거가 없음을 밝혔다.

차등의 원칙이 얼마나 현실 정합적이며 실용적인지를 평가하기 위해서는 세 가지 포인트를 생각해야 한다. 우선 논리적·도덕적 근거로서 재능의 우발성이다. 자연적 재능의 우발성, 사회적 행운의 우발성은 앞에서 말한 대로 세상의 이치를 잘 설명하고 있는 이 내용이 현실에 부합하지 못한다는 반론을 논리적으로 제공한 적이 별로 없다.

두 번째로 재능의 우발성이라는 도덕적 판단에도 불구하고 허무주의(Nihilism)[9]나 부조리(Absurdity, Absurdism)[10]를 통해 세상을 설명하거나 현실의 경제 행위를 부정하는 방향으로 빠지지 않고, 롤스는 도덕적 판단과는 독립적으로 경제적 유인에 따라 움직이는 인간의 경제적 행위의 필요성과 지속성을 인정하고, 이를 자신의 정의의 원칙이 작용하게 될 현장으로 여겼다는 점이다.

세 번째, 이 두 가지를 아울러 감안하는 현실적 대안을 제시했다. 우발성에도 불구하고 조건부로 불평등을 허용하는 차등의 원칙을 정의의 원칙의 한 부분으로 제안한 것인데, 불변성과 개인이 누리는 자유를 평등하게 최대치로 배분하며 이를 실현하는 방안으로 분배에서의 차등의 원칙을 정립했다.

요약하자면 여러 차원의 우발성으로 인해 사회에 존재하는 개인 간 소득과 자산의 불평등 혹은 편차에는 도덕적 근거가 없다. 하지만 사회적 제도가 갖추어야 할 미덕으로서의 정의로움으로는 소득 및 자산의 균등성 추구만으로 부족하다. 그리고 사회가 지속적으로 구성원의 삶에서 물질적이며 실제적인 자유의 확대를 추구하기 위해 사람들에게는 불평등이나 차등성이 제공하는 모티베이션을 작동하게 할 필요성이 존재한다. 롤스는 이를 사회의 중요한 제도가 갖추어야 할 미덕으로서의 정의의 원칙에 잘 반영했다.

롤스는 차등의 원칙에서 염두에 두는, 사회에서 경제적으로 가장 열악한 위치에 있는 사람들에 대한 정의를 미숙련 노동자와 이보다 소득이 낮은 사람들로 혹은 소득 하위 25퍼센트를 중심으로 파악했다. 그럼으로써 충분하게 넓은 계층을 여기에 포용하면서 동시에 적절하게 낮은 소득을 가진 사람들로 정의해 사회적으로 공감을 받을 수 있도록 했다.

롤스는 차등의 원칙의 일반론을 제시했을 뿐 차등의 원칙을 적용하는 구체적인 기준과 실현 방식은 현실 정치에 일임했다. 이 부분 또한 롤스의 정의의 원칙을 현실 정합적이고 실용적으로 만들어주는 요소에 속한다.

롤스의 정의론은 분배와 관련한 주류 경제학(주류 경제학의 철학인 후생경제학과 그 모태인 공리주의)의 태도를 비판하고자 하는 것이다. 롤스는 주류 경제학의 철학적 배경의 빈곤함과 맹점을 지적하고 있는데, 주류 경제학이 현실 경제에서 가장 중요한 분배 문제에 대해 가치 판단의 어려움을 핑계로 기피하는 것을 겨냥한다. 이에 대해 주류 경제학은 롤스의 정의론을 잘못 이해하거나 무시하는 태도를 보여주고 있다. 롤스의 정의의 원칙을 사실과 다르게 극단주의적 평등주의로 몰아붙이면서, 재능의 임의성이나 자유주의적 배경에서 차등의 원칙을 도출하는 논리적 전개에 대해서는 별다른 언급을 하지 않는다.

롤스는 사회를 협력 체계로서 규정했고, 이 체계에 참여하는 개인은 여기에서 가능한 한 가장 큰 효용을 끌어낼 수 있어야 한다고 했다. 평등한 출발 상황에서 정의의 원칙이 확정되는 경우, 자유롭고 이성적인 사람이라면 이러한 사회 체계에 가입하려고 할 것이다. 롤스는 정의의 원칙에 입각한 접근 방식을 공정성으로서의 정의론(The Theory of Justice as Fairness)이라고 불렀다.[11]

토마 피케티(Thomas Piketty) 등의 학자들에 의해 불평등이 장기적으로 성장에 부정적이라는 연구 결과가 제시되었고, 경제학계와 사회가 이를 인정하고 있다. 롤스의 차등의 원칙을 포함한 정의의 원칙은 현재 어느 때보다 더 실용적이고 의미 있는 정치경제적 대안이다. 정책이 과연 개인에게 가능한 한 높은 수준의 평등한 자유를 제공한다고 볼 수 있는지, 소득이나 자산 하위 계층의 경제 여건을 개선하는 방향으로 제공되고 있는지, 공직에 대한 기회는 균등한지의 관점에서 판단하는 게 중요하다는 것이다.

시대정신과 롤스의 정의론

롤스의 정의론은 제2차 세계대전 이후 1950년대에서 1970년대에 이르는 시기에 걸친 그의 오랜 지적 연구와 탐색을 통해 이루어진 결과다. 그 연구의 결과물이 수십 년의 시기를 건너뛰어 이제 2010년 이후 신자유주의적 사고방식이 퇴색하고 정부 역할의 중요성이 다시 재조명되는 현재의 시대정신에 철학적 바탕을 제공하고 있다.

피케티를 필두로 평등과 분배가 경제 발전에 더 필요하다는 경제적 견해를 제시하는 학자들과 마리아나 마주카토(Mariana Mazzucato)같이 혁신의 주체로서 국가를 강조하는 학자들이 주목받고 있지만, 이들은 여전히 그들의 논지를 경제적 성과를 기준으로 판단하고 주장한다. 롤스는 어떤 사회의 경제적 성과가 좋다는 것이 (일부) 개인들에게 빈곤과 불평등(즉, 실질적 자유의 결핍)을 정당화시킬 수 없다는 것을 명백하게 언급하면서도, 다른 한편 좋은 경제 성과의 혜택이 일부에게만 귀속되지 않고 모두에게 배분된다면 그 한도까지의 불평등을 긍정함으로써 이 경제학자들의 판단에 잘 부합하며 시대정신에 부응하는 철학적 사고 체계를 제시하고 있다.

철학이 현실과 거리가 먼 탁상공론에 머문다는 선입견을 가진 사람들이 (특히 한국에는) 있다. 그러나 철학은 사물과 사리의 핵심 및 정수만을 골라서 논하고자 하는 것이며, 그것을 추구하는 학문 분야다. 경제학의 철학이라고 볼 수 있는 후생경제학은 경제학의 기본 논리와 태도를 논한다. 철학적 근거를 제시한다는 것은 논리적·도덕적으로 옳고 사리에 맞으며 합리적이라는 의미임과 동시에 사물과 사리의 핵심을 지적한다는 의미다.

정의론이 일깨워주는 것

모두에게 평등한 자유

정의로운 분배의 대상으로서 기초재 개념이 중요하다. 롤스는 기본적 자유권과 기초재를 구분하고 있으나 센에게 빈곤으로부터 벗어날 권리나 기초적인 의료 혜택 같은 것은 기본적인 자유와 마찬가지로 가치 있는 것으로서 자유도 구분 없이 기초재에 포함시킨다고 볼 수 있다.

부자 나라의 사람들이 가난한 나라의 사람들보다 평균적으로 행복하지만 그것은 대체로 개인의 연소득 1만 2000~1만 5000달러 수준까지만 유효하며, 그 이상의 수준에서는 소득과 행복도 간의 상관관계가 거의 없다는 행복 연구(Happiness Study) 결과는 우리에게 매우 중요한 시사점을 제시한다.[12] 롤스와 센의 정의론에 입각한 분배나 사회 질서가 결과적으로 한 사회 내 개인의 행복 증진에 훨씬 유효하게 작용할 수 있다는 것이다. 개인의 연소득 1만 2000~1만 5000달러 수준이라면, 센이 말하는 빈곤과 의료 혜택 문제로부터 벗어난 상황이라고 보여지며, 이 수준 이상부터는 한 사회 내 사람들의 행복도는 결국 절대적 소득 수준보다 상대적 소득 수준에 좌우된다는 것이다. 롤스의 차등의 원칙(최빈자의 최대 행복의 원리)도 현실적으로 실현 가능성이 상당히 높아진다.

센은 후생경제학보다 자유주의적 입장을 택하면서도 정의론과 관련해 빈곤 문제를 심각하게 보았다. 센은 빈곤 상태에 있는 개인은 자기실현 기회를 갖지 못하게 된다는 측면을 지적한다.

정치적 자유를 넘어 빈곤과 의료 혜택의 결핍으로부터의 자유까지 포함한 광범위한 자유 개념으로 확대해보면, 결국 인간 생활에서 가장 중요한 것은 자유다. 사회에서 정의로움이 지양해야 하는 것은 바로 평등한 자유의 보장 혹은 자유의 평등적 배분이라고 말할 수 있겠다. 이 자유의 평등적 배분은 기회의 평등인가, 결과의 평등인가? 평등할 권리(결과의 공평성)와 평등할 수 있는 권리(기회의 공평성)는 사실 모두 중요하다고 보아야 할 것이다.

기회의 평등과 결과의 평등

우선 기회의 평등이 매우 중요하다. 기회의 평등은 출발선상의 평등성과 과정의 공정성으로 구성된다고 볼 수 있다. 개인주의 사회에서 결과의 공평성을 무시할 수 있는 중요한 두 가지 요건이다. 과정의 공정성이라는 것은 출발선상의 평등이 없으면 원천적으로 성립되지 못하는 것이며, 출발선상의 평등이 이루어진다고 해도 과정의 공정성이 반드시 성립되지는 않는다. 즉, 전자는 후자의 필요조건이지만 충분조건은 되지 못한다.

경험적으로 시장 경제에서 독과점, 외부 효과, 정보의 문제, 우연의 요인 등으로 인해 시장 가격이라는 것이 과정의 공정성을 보장하지 못한다.[13] 시장이 가진 선별 능력의 본질을 보면 개인의 소질과 능력보다는 상대적 희소성이 중요하다는 점을 부인하기 어렵다. 상대적 희소성을 미리 예견하는 것이 개인의 능력이라고 주장하는 이도 있다. 시장에서 성공하는 사람들은 과연 이러한 능력에 앞서는 사람들인가 하는 질문에 그러나 긍정적인 답변을 주기는 어렵다. 결과적으로 시장에서의 성과에 따르는 것이 능력적 공평성을 실현하지 못하게끔 만든다. 그 때문에 결과의 평등도 필요하다는 점을 부인할 수 없다. 이것이 기회의 평등을 보완해야 하는 이유다. 그러나 결과의 평등이 필요하다고 해도 그 평등도에 대한 요구는 다소 낮은 수준에 머물러야 한다. 그렇지 않으면 롤스가 말하는 차등의 원칙에도 위배되는, 즉 극빈자의 생활 수준 향상에 기여하지 못하는 지나친 분배 상황이 될 수도 있기 때문이다.

이에 비해 기회의 균등, 즉 출발선상의 평등과 과정의 공정성은 매우 높은 수준으로 요구되어야 한다. 이를 위해 엄청난 사회적 개혁이 필요한 것은 사실이다. 높은 상속 증여 세율과 재산 및 자산 소득에 대한 과세, 그리고 강한 독과점 및 기업 집단에 대한 규제는 그중 일부에 지나지 않을 것이다.

기회가 균등해도 개인의 태생적인 원천적 능력 차이가 큰 경우에 대한 문제는 여전하게 남는다. 시장에서 발휘하는 능력이 개인에게 우발적으로 다르게 배분된 원천적 소질에 따른 것인가, 혹은 소질은 동일하게 배분되었는데 각자가 그것을 활용하고 노력하는 방식에 따라 시장에서의 결과가 달라진 것인가? 장애인의 경우를 보면 개인의 태생적인 원천적 능력 차이가 크다는 걸 부인할 수 없고, 이 점 또한 결과적 공평성의 추구, 즉 시장에서의 결과에 대한 공적 개입의 정당성을 지지하는 요인이 된다.

결과의 공평성은 필요적 공평성인가? 개인의 능력과 상관없이 필요에 따라 배분되어야 하는 이유로는 예를 들어 식구가 많으면 소득이 많이 필요하다는 점을 들 수 있다. 이는 가난한 가정에서 태어난 자녀들에게 기회 균등을 보장하기 위해서도 필요한 일이다. 그러나 필요적 공평성에 대한 요구 정도가 높으면 경제 활동에 대한 사회적 인센티브가 무너지므로 현실에서는 부분적으로만 수용 가능하고 적절한 타협이 필요하다. 기초 수급자 최저 생계비 수준, 소득세의 기초 공제 수준 등에 대한 고려에서 이러한 측면을 반영해야 한다. 한 사회에서 최저 생계비 수준과 소득세 기초 공제 수준은 어떻게 결정되는가? 그 절대적 수준은 사회의 발전 수준에 비추어 결정되는 상대적 개념으로 볼 수 있다.

기회의 평등은 어떻게 실현 가능한가? 우월한 경제적 위치를 세습적으로 영위하는 계층으로 인한 부정적 기회의 평등은 상속 증여세나 그 외의 자산 및 자산 소득에 대한 재산세나 소득세로 규율할 수 있을 것이다. 그러나 그보다 더 심각한 부정적인 경제사회적 영향은 빈곤으로 인한 기회의 불균등 상황이다. 이에 대한 대처는 교육 기회 보장을 통해서 가능할 것이다. 그러나 교육 기회의 균등화는 단순하게 공립 학교의 유지 정도에서 그칠 수 있는 것은 아니다. 높은 사교육비로 인해 저소득 계층 자녀가 높은 학력을 취득하기 어려운 사회 구조를 개선해야 한다.

공평성과 효율성의 관계
롤스의 정의론에서 정의는 공평성과 효율성의 관계에서 파악되는 것으로 볼 수 있다. 최빈자의 경제 수준을 높여주는 것으로서 유일한 정의로운 분배의 척도로 보면서도 또한 공평성만으로는 부족하며 사회의 효율적 운영은 최빈자의 경제 수준을 올려주기 위해서도 필요한 일이라는 점을 같이 고려하고 있다는 것이 중요하다. 이와 같은 롤스의 생각과 비교해 세습 자본주의와 자산의 지나친 집중을 강조하는 피케티의 생각이 근본적으로 다르다고 볼 필요는 없다. 피케티도 롤스의 사고 체계를 인정하면서 다만 현재 세계 나라들의 경제 실상이 효율성 측면의 문제(말하자면 인센티브 체계)로 인한 것이 아니라, 지나친 경제력 집중(즉, 분배적 문제)에서 기인한다고 본다.

롤스의 시각에서 개인에게 가장 중요한 가치는 자유다. 정의는 사회를 전제로 하고 한 사회 안에서 비로소 하나의 제도가 정의로운지 판단 가능한 것이기에 개인에게 가장 중요한 자유가 사회 구성원에게 평등하게 배분되는 것이 정의로움에서 매우 중요한 것은 자명하다. 그렇다고 사회의 발전 가능성과 인간의 잠재적인 능력을 사장시켜서는 안 되며, 인간 삶의 환경은 분배만 좋아진다고 살 만한 사회가 되는 것은 아니라는 것이다. 그렇기에 차등의 원칙이 필요한 것이다. 롤스의 차등의 원칙이 큰 사회적 함의를 갖는 이유는 사회적 제도의 정의로움을 판단하면서 효율성이 지닌 의미와 공평성이 지닌 의미의 관계를 잘 설명하고 있기 때문이기도 하다.

　롤스의 정의론은 효율성과 공평성의 관계에서 주류 경제학의 정신이 지배하는 현대 사회의 상황이 좀더 공평성, 즉 평등 쪽으로 균형 이동이 필요하다는 것을 잘 설명해주었다. 그것이 세상 이치에 부합하는 일이며 사람들의 자유의사에도 부합한다는 것이다.

주

01 서론

1. 애덤 스미스가 바람직한 조세 제도의 조건으로 제시한 다른 기준, 즉 징세 비용의 최소화 같은 것이 실제적으로는 효율성의 내용을 담고 있는 것이라고 해석할 수도 있겠다.

2. 예를 들어, 롤스의 경우 자유와 몇 가지 기초재의 배분에서 정의로움이 중요하다고 보았으며, 센의 경우에도 유사하다. 이에 대해서는 뒤에서 상술한다.

3. 넓은 의미의 기초재 개념에는 정치적 자유의 구체적 내용(예를 들어, 집회 및 결사의 자유 등)을 포함시키기도 한다.

4. James A. Mirrlees, *Tax by Design*, 2012.

5. 현실의 소득세는 필요적 공평성과 성과적 공평성이 다 반영되어 있다고 볼 수 있겠다.

6. 김유찬, 정의로운 조세 체계, 국회 재정혁신토론회 발표 자료, 2015.01.13.

7. John Rawls, *A Theory of Justice*, 1971, p. 122.

02 그리스, 로마, 중세 철학자들의 정의론

1. 이 장을 작성하기 위해 위키피디아(독일어 버전)의 여러 기사를 참조했다

(Wikipedia, Gerechtigkeitstheorien, 2023.12.01.; Wikipedia, Socrates, 2024.04.02.; Wikipedia, Platon, 2024.04.02.; Wikipedia, Aristoteles, 2024. 04.02.; Wikipedia, Epikurs, 2024.04.02.)

2. 소크라테스는 인간에게 선(혹은 좋음)에 해당하는 특성으로 건강, 현명함 그리고 행복을 들었다.

03 정의론의 사회계약론적 · 계몽주의적 전통

1. Thomas Hobbes, *Leviathan*, 9, Auflage, Frankfurt, 1999, p. 96.

2. Otfried Höffe, Gerechtigkeit, *Eine Philosophische Einfuehrung*, Beck, 2, Auflage, München, 2004, p. 63.

3. Hobbes, *Leviathan*, p. 115.

4. Hobbes, *Leviathan*, p. 115.

5. 영국의 휘그당은 당시 입헌군주제를 옹호했다.

6. John Locke, *Second Treatise of Government and a Letter Concerning Toleration*, Oxford University Press, 2016.

7. Locke(2016), Part II(Of the State of Nature).

8. Locke(2016), Part V(Of Property).

9. Locke(2016), Part XV(Of Paternal, Political, and Despotical Power, Considered Together).

10. Jean-Jacque Rousseau, *Vom Gesellschaftsvertrag*, Stuttgart: Reclam, 2011.

11. Rousseau(2011), p. 18.

12. Rousseau(2011), p. 18.

13. Rousseau(2011), p. 41.

14. Rousseau(2011), p. 59.

15. David Hume, *A Treatise of Human Nature*, Original Edition, Printed

in Poland by Amazon Fulfillment, 2020, Book III, Part I, Sect. I(Moral Distinctions not derived from Reason).

16. Hume(2020), Book III, Part II, Sect. II(Of the Origin of Justice and Property).

17. Hume(2020), Book III, Part II, Sect. I(Justice, whether a natural or artificial Virtue?).

18. Hume(2020), Book III, Part II, Sect. II(Of the Origin of Justice and Property).

19. Hume(2020), Book III, Part II, Sect. III(Of the Rules which determine Property).

20. Hume(2020), Book III, Part II, Sect. VII(Of the Origin of Government).

21. Michael J. Sandel, *What's the Right Thing to Do?*, Farrar, Straus and Giroux, 2009, p. 107.

22. Sandel(2009), p. 108.

23. Immanuel Kant, *Metaphysische Anfangsgründe der Rechtslehre*, Einleitung in die Rechtslehre, § B (Schlusssatz).

24. Sandel(2009), p. 118.

25. Sandel(2009), p. 118.

26. Sandel(2009), p. 118.

27. Sandel(2009), p. 118.

28. Immanuel Kant, *Grundlegung zur Methaphysik der Sitten*, Reclam, 2008.

29. Sandel(2009), p. 118.

30. 여기에서 정언적(Kategorischer: Categorical)이라는 표현의 의미는 무조건 적(Unconditional)이라는 의미로 이해하는 것이 적절하다. Sandel(2009), p. 119.

31. Bertrand Russell, *A History of Western Philosophy*, George Allen &

Unwin Ltd, 1979, p. 711.

32. Sandel(2009), p. 122.

33. Sandel(2009), p. 124.

34. Sandel(2009), p. 139.

35. Sandel(2009), p. 139.

36. Sandel(2009), p. 139.

37. 프랑스 혁명의 이념은 자유, 평등, 박애다.

04 공리주의적 정의론

1. 공리주의는 당시에 아직 힘을 발휘하던 봉건적 사회 구조에서 일반인의 비참한 생활상에 비추어볼 때 진보적이고 사회 개혁적인 사고였다고 평가된다. 최대 다수의 최대 행복으로 요약되는 공리주의적 사고는 당시 소수의 대자산가인 귀족/부르주아 계층에 대한 고려보다 절대 다수를 차지하는 빈자인 소상공인/노동자/소작민의 행복할 권리를 사회가 배려하는 게 정의로운 일이라는 사고를 반영한 것이다.

2. 이와 비교해 노직이나 하이에크 같은 이들은 어떤 결과적 상태를 정의로움을 판단하는 대상으로 보지 않고 행위의 과정을 주시하기 때문에 과정적 정의론으로 분류된다.

3. 돼지와 바보의 쾌락은 소크라테스의 기쁨보다 쉽게 찾을 수 있는 것이다. John Stuart Mill, *Utilitarianism*, Stuttgart: Reclam, 2006, p. 33. 밀은 사람을 두 가지 카테고리로 분류했는데, 첫째 부류에는 높은 수준의 능력을 가진 사람들이 속한다. 행복의 양면을 이해하고 있어서 만족하기 어려우며 달성 불가능한 것을 알면서도 완벽성을 추구하는 이들이다. 두 번째 부류는 진정한 행복을 잘 이해하지 못하기 때문에 쉽게 만족하는 사람들이다.

4. Henry Sidgwick, *The Methods of Ethics*, 1874.

5. John C. Harsanyi, "Cardinal welfare, individualistic ethics, and inter-personal comparisons of utility," in: *Journal of Political Economy*, 63(4), 1955, pp. 309-321.

6. Rainer W. Trapp, "Utilitarianism Incorporating Justice, A Decentralised Model of Ethical Decision Making," in: *Erkenntnis*, 32(3), 1990, pp. 341-381.

7. 이 문제에 대한 답변은 훗날 롤스가 제공한다.

8. 이에 대해서는 다음 장에서 다룬다.

9. Amartya Sen, *Development as Freedom*, New York, Knopf Inc., 1999, Chapter 3 (Sec. 3).

05 고전파 경제학과 후생경제학의 정의 개념

1. Adam Smith, *The Theory of Moral Sentiments*, Penguin Classics, 2010.

2. Adam Smith, *The Wealth of Nations: Books I-III*, Penguin Classics, 1982.

3. 애덤 스미스는 세관의 관리로도 효율적으로 일했는데, 그의 자유주의적인 경제적 사고와 세관의 역할에서 논리적 충돌이 발생한다고 보지 않았다. 그는 예를 들어 영국 해군을 위해 무역 제한도 필요하다고 생각했는데, 국부보다 나라의 방위가 더 중요한 가치를 가졌다고 여겼기 때문이다.

4. William F. Campbell, "Adam Smith's Theory of Justice, Prudence, and Beneficence," in: *American Economic Review*, Vol. 57, No. 2, 1967, p. 571.

5. Campbell(1967), p. 574.

6. Campbell(1967), p. 576.

7. Campbell(1967), p. 576.

8. Amartya Sen, "Adam Smith and the Contemporary World," in: *Erasmus Journal for Philosophy and Economics*, Vol. 3, Issue 1, 2010, pp. 57-60.

9. Adam Smith, *The Wealth of Nations: Books* IV-V, Penguin Classics, 1982, Vol. IV, Chapter 7.

10. Adam Smith, *The Wealth of Nations: Books* I-III, Penguin Classics, 1982, Vol. III, Chapter 2.

11. 롤스의 사회후생함수로 롤스의 정의론이 말하고 있는 차등의 원칙 내용을 담은 것인데, 이것이 적절한지에 대해서는 다음 장에서 살펴본다.

12. 파레토 기준의 대안으로 칼도-힉스(Kaldor-Hicks) 기준이 있는데, 이 기준에서는 어떤 정책으로 이득을 보는 사람들이 그 이득으로 피해를 보는 사람들에게 적절한 보상을 해주고도 남는 부분이 있다면 이 정책은 사회 후생을 증가시킨다고 본다.

13. 고전파 경제학자들은 개인이 느끼는 효용을 객관적으로 측정할 수 있으며 개인 간에 비교도 가능한 것으로 보았다. 이것이 전제되면 한계 효용 체감의 법칙과 함께 작용해 분배를 통한 사회 전체의 효용 증가가 가능하다는 입장이 도출된다.

14. Amartya Sen, *Development as Freedom*, New York: Knopf Inc., 1999, Chapter 4.

15. John A. Edgren, "On the Relevance of John Rawls's Theory of Justice to Welfare Economics," in: *Review of Social Economy*, Vol. LIII, No. 3, Fall 1995, p. 334.

16. Edgren(1995), p. 334.

17. 애로의 불가능성 정리는 구성원의 선호도를 서수적으로만 파악 가능하다는 가정에서 도출한 것이며, 여기에 결정적으로 좌우된다는 것이 약점이다. 즉, 구성원의 선호도 측정이 기수적으로 가능하다고 하면 바로 불가능성 정리는 깨지는 것이다.

18. Joseph E. Stiglitz, *Economics of the Public Sector*, Third Edition, 1999, pp. 164-166.

06 사회계약론과 자유주의적 사고 체계의 롤스 정의론

1. 롤스는 그의 정의론을 합리적 선택 이론(Theory of Rational Choice)의 중요한 한 부분으로 여긴다. Rawls(1971), Chapter 1 (Sec. 3).

2. 롤스는 정치경제학은 어떤 형태로든 정의로움의 개념 위에 정립된 공공의 복지(Public Good)에 대한 입장을 가지고 있어야 한다고 보았다. Rawls(1971), Chapter 5 (Sec. 41). 그런데 이러한 내용이 주류 경제학(후생경제학)에는 존재하지 않는다.

3. 사회계약론은 이성적 논의를 통해 사회 질서의 기본 규칙을 확립할 수 있으며 합법적 국가는 사회 질서의 기본 규칙과 관련해 반드시 구성원의 동의를 필요로 한다는 사고로, 민주주의와 공화제 발전의 기초를 제공했다.

4. 롤스는 《정의론》에서 미시경제학, 공공경제학 그리고 공공 선택 이론의 중요 개념를 활용하면서 사회적 제도의 정의로움에 대해 논한다.

5. Wolfgang Kersting, "Vertragstheorie," in: Gosepath/Hinsch/Rössler(Hrsg.), *Handbuch der politischen Philosophie und Sozialphilosophie*, Bd. 2, Berlin: de Gruyter, 2008, pp. 1430-1436.

6. 롤스의 경우 이 원초적 상태는 무지의 장막의 가정에서 만들어진다.

7. Rawls(1971), Chapter 1 (Sec. 3).

8. Volker Gerhardt, "Das politische Defizit des Kontraktualismus," in: *Merkur. Deutsche Zeitschrift für europäisches Denken.*, H. 714, 62 (2008), p. 1039.

9. Rawls(1971), Chapter 5 (Sec. 42).

10. Rawls(1971), Chapter 1 (Sec. 1).

11. Rawls(1971), Chapter 1 (Sec. 2).

12. Rawls(1971), Chapter 1 (Sec. 2).

13. Rawls(1971), Chapter 1 (Sec. 3).

14. Rawls(1971), Chapter 2 (Sec. 11).

15. Rawls(1971), Chapter 1 (Sec. 1).

16. Rawls(1971), Chapter 1 (Sec. 2).

17. Rawls(1971), Chapter 1 (Sec. 3).

18. Rawls(1971), Chapter 5 (Sec. 46). 본래 롤스의 정의의 원칙은 세대 간 정의 문제도 포함해서 적절한 수준의 저축률(Saving Rate)도 다루는데, 여기에서는 내용의 복잡성을 피하기 위해 이 부분을 제외했다.

19. Rawls(1971), Chapter 2 (Sec. 17).

20. Rawls(1971), Chapter 5 (Sec. 46).

21. 이 변화의 의미에 대해서는 다음 절(차등의 원칙: 왜 가장 열악한 사람인가)에서 상술한다. .

22. 여기서도 저축률의 내용은 제외했다. 위의 주 18 참조

23. Rawls(1958), "Justice as Fairness," in: *Reclams Universal-Bibliothek* Nr. 19586, 3. Aufl., 2020.

24. Rawls(1971), Chapter 5 (Sec. 46).

25. John Rawls, *Political Liberalism*, Columbia University Press, 1993.

26. 이에 대해서는 9장에서 상술한다.

27. Rawls(1971), Chapter 1 (Sec. 5).

28. Rawls(1971), Chapter 2 (Sec. 11).

29. Rawls(1971), Chapter 2 (Sec. 12).

30. Rawls(1971), Chapter 2 (Sec. 12). 국내에서 2021년 출간된 역서《유전자 로또》는 유전자의 힘이 얼마나 결정적인지 잘 설명하고 있다. 캐스린 페이지 하든 지음, 이동근 옮김, 《유전자 로또》, 에코리브르, 2023.

31. Rawls(1971), Chapter 2 (Sec. 12).

32. Rawls(1971), Chapter 2 (Sec. 17).

33. Rawls(1971), Chapter 2 (Sec. 17).

34. Rawls(1971), Chapter 2 (Sec. 17).

35. Rawls(1971), Chapter 5 (Sec. 48).

36. 샌델은 공동체주의자로서 롤스 정의론의 자유주의적·개인주의적 태도를 비판하는 입장이지만, 동시에 롤스의 정의론이 제시하는 개인의 사회적 성취가 대체로 우발성에 기인한다는 견해에는 공감하고 있다. Michael J. Sandel, *What's the Right Thing to Do?*, Farrar, Straus and Giroux, 2009.

37. Sandel(2009), p. 159.

38. 대니얼 카너먼 지음, 이진원 옮김, 《생각에 관한 생각》, 김영사, 2012.

39. 통상적으로 금융 시장 전문 투자가들의 특정 연도의 투자 수익률 수준과 이후 연도의 투자 수익률은 상관관계가 낮은 것으로 알려져 있다.

40. Zeit Online, Schreck der Oekonomen, 2012.05.20.

41. 바로 칸트가 말하는 '정언적 명령'에 해당한다.

42. 예컨대 사회 구성원은 미시경제학의 기초를 알고 있다.

43. 위험 중립성의 가정도 비현실적이지만 완전한 위험 기피적 태도도 비현실적 가정이라고 보는 시각이 있다. 미국 대학생들을 대상으로 한 프롤리히/오펜하이머(Frohlich/Oppenheimer) 실험에서 제시된 결과가 흥미롭다. 롤스의 무지의 장막의 상황에서 개인의 의사 결정 행태에 대해 실험적 분석을 수행한 것이다. 개인들에게 미래 자신의 소득을 모르는 상황에서 1. 최하위 소득의 극대화, 2. 평균 소득의 극대화, 3. 기본 소득을 보장하면서 평균 소득의 극대화, 그리고 4. 최상위 소득과 최하위 소득의 격차를 극소화하면서 평균 소득 극대화라는 네 가지 분배 원칙 중 택일하도록 했다. 1이 롤스의 차등의 원칙, 2가 공리주의의 원칙에 대체로 해당한다고 보여진다. 실험에서는 대다수 학생이 1이나 2 대신 3을 선택했다. 그러나 실험이라는 것이 사회과학에서 과연 의미 있는 연구 방법론인가, 개인이 미래 자신의 소득을 모르는 상황을 과연 실험적으로 설정할 수 있는가 하는 질문에 긍정적으로 답변하기는 어려울 것으로 보인다. 대학생 정도의 연령대에서 자신의 사회적 위치에 대한 의식은 이미 형성되어 있다고 봐야 한다.

44. J. Eaton/H. S. Rosen, "Labor Supply, Uncertainty, and Efficient Taxation," *JPubE*, 14, pp. 365-374, 1980. 이러한 국영 보험의 필요성은 그러나 선천적 장애인, 전쟁으로 인한 재산 손실 등 시장에서 보험 상품이 제공되지 않는 종류의 리스크에만 존재하는 것이다.

45. B. S. Frey/A. Stutzer, "Happiness and Economic Policy," in: *Cesifo Dice Report*, 4/2010.

46. Rawls(1971), Chapter 2 (Sec. 16).

47. Rawls(1971), Chapter 2 (Sec. 13).

48. Rawls(1971), Chapter 2 (Sec. 13).

49. 기업의 CEO들에 대한 높은 보상이 기업으로 하여금 단기적 성과에 몰두하도록 만들어 기업과 노동자들의 장기적이고 동반자적인 발전에 해를 끼치는 경우도 수없이 많다.

50. Rawls(1971), Chapter 2 (Sec. 11).

51. Rawls(1971), Chapter 5 (Sec. 43).

52. Rawls(1971), Chapter 3 (Sec. 20).

53. Rawls(1971), Chapter 3 (Sec. 20).

54. Rawls(1971), Chapter 3 (Sec. 20).

55. 이 무지의 장막에 대한 아이디어는 매우 자연스러운 것이어서 칸트와 허샤니가 유사한 내용을 사용한 적이 있다. Rawls(1971), Chapter 3 (Sec. 24).

56. Rawls(1971), Chapter 3 (Sec. 20).

57. Rawls(1971), Chapter 3 (Sec. 24).

58. Rawls(1971), Chapter 3 (Sec. 24).

59. Rawls(1971), Chapter 3 (Sec. 24).

60. Rawls(1971), Chapter 3 (Sec. 24).

61. Rawls(1971), Chapter 3 (Sec. 24).

62. Rawls(1971), Chapter 3 (Sec. 26).

63. Rawls(1971), Chapter 3 (Sec. 26).

64. Rawls(1971), Chapter 3 (Sec. 26).

65. Rawls(1971), Chapter 3 (Sec. 26).

66. Rawls(1971), Chapter 3 (Sec. 29).

67. Rawls(1971), Chapter 3 (Sec. 29).

68. 이러한 선택의 결과는 전적으로 '합리적 선택 이론'에 의거한 것이다.

69. Rawls(1971), Chapter 3 (Sec. 29).

70. Rawls(1971), Chapter 3 (Sec. 29). 인간은 수단이 아니라 그 자체가 목적으로 여겨져야 한다는 것은 칸트에게서 유래한 말이다. Immanuel Kant, *Grundlegung zur Methaphysik der Sitten*, Reclam, 2008.

71. Rawls(1971), Preface.

72. Rawls(1971), Chapter 1 (Sec. 5).

73. Rawls(1971), Chapter 1 (Sec. 5).

74. 밀 같은 2세대 공리주의자는 물론 노예제에 거리를 두고 있다.

75. Edgren(1995).

76. Rawls(1971), Chapter 3 (Sec. 24).

77. Rawls(1971), Chapter 2 (Sec. 12).

78. Edgren(1995), p. 346.

79. Rawls(1971), Chapter 2 (Sec. 15).

80. Edgren(1995), p. 346.

81. Edgren(1995), p. 346.

82. Rawls(1971), Chapter 3 (Sec. 25); Edgren(1995), p. 346.

83. Edgren(1995), p. 347.

84. Edgren(1995), p. 347.

85. Ronald Dworkin, *Sovereign Virtue. The Theory and Practice of Equality*, Cambridge MA, 2002, p. 240.

86. Ronald Dworkin, *A Matter of Principle*, Cambridge MA, 1985, p. 198.

87. Bruce Ackerman, *Social Justice in a Liberal State*, New Haven: Yale University Press, 1980.

88. Ackerman(1980).

89. Bruce Ackerman, "Warum Dialog?," in: *Bert van den Brink/Willen van Reijen* (Hrsg.), Bürgerschaft, Recht und Demokratie, Frankfurt, 1995, pp. 385-410.

90. Bruce Ackerman/Anne Alstott, *The Stakeholder Society*, New Haven: Yale University Press, 1999.

91. Ackerman/Alstott(1999).

92. Thomas M. Scanlon, *What We Owe to Each Other,* Cambridge MA: Harvard University Press, 1998.

93. Thomas Scanlon, "Der Kontraktualismus und was wir einander schulden," Interview in: *Herlinde Pauer-Studer* (Hrsg.), *Konstruktionen praktischer Vernunft*, Frankfurt: Suhrkamp, 2000, p. 92.

94. Scanlon(2000), p. 91.

95. Scanlon(2000), p. 96.

96. Scanlon(2000), p. 96.

07 자유지상주의자들의 롤스 정의론 비판

1. Friedrich August von Hayek, *Die Verfassung der Freiheit,* Tübingen: Mohr-Siebeck, 1971.

2. Hayek(1971).

3. Hayek(1971).

4. Hayek(1971).

5. Friedrich August von Hayek, *Die Illusion der sozialen Gerechtigkeit*, Landsberg 1981, p. 112.

6. Friedrich August von Hayek, *Die Verfassung der Freiheit,* Mohr-Siebeck, Tübingen 1971, p. 361.

7. Hayek(1971), pp. 328-329.

8. Hayek(1971), p. 100f.

9. Hayek(1971), p. 299f.

10. Walter Eucken, *Grundsaetze der Wirtschaftspolitik*, Mohr Siebeck, 1952.

11. Walter Eucken, *Grundsaetze der Wirtschaftspolitik*, Mohr Siebeck, 1952, pp. 254-289.

12. Walter Eucken, *Grundsaetze der Wirtschaftspolitik*, Mohr Siebeck, 1952, pp. 300-301.

13. Walter Eucken, *Grundsaetze der Wirtschaftspolitik*, Mohr Siebeck, 1952, pp. 48-53.

14. Walter Eucken, *Grundsaetze der Wirtschaftspolitik*, Mohr Siebeck, 1952, pp. 332-334.

15. Nozick, R., Anarchy, *State and Utopia*, Basic Books, 1974.

16. Nozick(1974), p. 149.

17. 자격 이론은 응분의 보상과 대비되는 개념이다. 이 두 개념을 잘 대비시켜서 설명한 이가 샌델인데, 그는 자신의 저서(Michael J. Sandel, *Justice: What's the Right Thing to Do?*, Farrar, Straus and Giroux, 2009) 160쪽 이하에서 이를 잘 설명하고 있다. 응분의 보상은 어떤 행위에 대한 판단에서 이에 따른 보상이 도덕적으로 옳기 때문에 제공되는 경우를 말하며, 이에 비해 자격 이론은 게임의 규칙이 당사자 간 합의에 의해 결정되면 이 합의된 규칙에 따라 제공받는 보상을 말한다. 샌델은 롤스의 정의론이 말하는 차등의 원칙에서 요구하는 내용의 성격도 응분의 보상이 아니라 자격 이론에 근거한 것

이라고 보았다.

18. 미국 개척기에 유럽에서 이민 온 미국인이 인디언이나 멕시코인에게서 총의
    힘을 바탕으로 강탈하다시피 푼돈으로 구매한 중서부와 남부의 광대한 땅을
    백인들끼리는 대가를 지불하지 않고도 나누어 가졌다. 강탈한 재화를 법적
    분쟁 없이 나누는 것은 정당한 습득인가? 미국 영토의 큰 부분은 노직이 말
    하는 정당한 습득에 해당하지 못하기 때문에 원소유주인 인디언이나 멕시코
    인에게 반환해야 할 것이다.

19. Nozick(1974), p. 151.

20. Nozick(1974).

21. 우발성에 대해서는 6장에서 다루었다.

22. Amartya Sen, *Development as Freedom*, New York: Knopf Inc., 1999,
    Chapter 3 (Sec. 5).

23. Rawls(1971), Chapter 1 (Sec. 4).

24. Nozick(1974), pp. 194-195.

25. Nozick(1974), p. 206f.

26. Rawls(1971), Chapter 3 (Sec. 20).

27. Nozick(1974), p. 228.

28. Rawls(1971), Chapter 2 (Sec. 17).

29. Nozick(1974), p. 225.

30. Nozick(1974), p. 226.

31. Rawls(1971), Chapter 2 (Sec. 17).

32. Nozick(1974), p. 225.

33. Robert Nozick, *The Examined Life: Philosophical Meditations*, Simon&
    Schuster, 1989; Robert Nozick, *The Nature of Rationality*, Princeton
    University Press, 1993.

34. Nozick(1989), pp. 28-32.

08 공동체주의자들의 롤스 정의론 비판

1. Alasdair MacIntyre, *After Virtue*, University of Notre Dame Press, 1981.
2. Michael Walzer, *Spheres of Justice: A Defense of Pluralism and Equality*, New York, 1983.
3. MacIntire(1981), p. 201.
4. MacIntire(1981), p. 204.
5. MacIntire(1981), p. 205.
6. Axel Honneth, "Gerechtigkeit und kommunikative Freiheit. Überlegungen im Anschluss an Hegel," in: Barbara Merker, Georg Mohr, Michael Quante (Hrsg.), *Subjektivität und Anerkennung*, Paderborn, 2004, pp. 5-6.
7. Honneth(2004), p. 4.
8. Honneth(2004), p. 6.
9. Michael J. Sandel, *What's the Right Thing to Do?*, Farrar, Straus and Giroux, 2009.
10. 샌델은 누가 자신을 공동체주의자라고 하면, 그렇지 않고 자유주의자라고 정정하기도 했다. 공동체주의적 요소와 자유주의적 요소가 그의 생각 근저에 함께 작용하고 있는 것이다. 샌델뿐만 아니라 대부분의 사람이 그렇다고 보는 게 더 정확한 답변일 것이다.
11. 재능도 행운이라는 사고는 성공한 사람들이 받아들이기 쉽지 않다. 샌델이 강의실에서 학생들에게 이 내용을 이해시키려 애쓰는 모습은 한국에 많이 퍼진 동영상에서도 볼 수 있다. 그는 하버드 대학 강의실에 모인 학생 4분의 3 이상이 형제 출생 순서상 앞의 서열임을 확인하고, 형이 동생보다 노동 윤리가 강하고 성공적이라는 심리학 연구 결과를 인용한 뒤 형제 중에 첫째로 태어난 것이 노력의 결과라고는 말할 수 없다는 걸 지적했다.
12. Sandel(2009). pp. 261-269.
13. Sandel(2009), pp. 266-267.

14. 소득 및 자산의 격차, 부와 교육 기회의 세습, 그리고 현재와 같은 세제의 역할을 본다면 롤스와 샌델은 (그들의 정의 개념에 따라) 한국에서 소득세, 법인세 그리고 상속세율의 대폭적 인상을 지지할 것이다.

15. Michael J. Sandel, *Liberalism and the Limits of Justice*, New York: Cambridge University Press, 1982.

16. 비판의 방식으로 그는 자신의 저서보다 수년 전에 출판된 자유지상주의자 노직의 롤스 정의론에 대한 비판을 활용했다. 샌델은 노직의 견해에 동의하지는 않으면서도 노직이 자신의 저서《무정부, 국가, 그리고 유토피아》(New York: Basic Books, 1974)에서 소유와 보상 방식, 분배 정의와 관련해 롤스 정의론의 내용에 대해 모든 디테일을 하나도 빠뜨리지 않고 비판한 것을 인용하면서 자신의 견해를 밝혔다.

17. Nozick(1974), p. 228.

18. Sandel(1982), p. 78.

19. Sandel(1982), p. 80.

20. Sandel(1982), p. 91.

21. Sandel(1982), p. 92.

22. Sandel(2009), pp. 260-261.

23. Sandel(1982), p. 134.

24. Rawls(1971), Part 3.

25. 개별 공동체의 가치들이 각각 다른 견지에서 선에 해당한다.

26. Sandel(1982), p. 146.

27. Sandel(1982), p. 146.

28. Sandel(2009), p. 247.

29. John Rawls, *Political Liberalism*, New York: Columbia university Press, 1993.

30. Sandel(2009), p. 247.

31. Rawls(1993), p. XX.

32. Sandel(1982), p. 251.

33. Sandel(1982), p. 261.

34. Rawls(1971), Chapter 2 (Sec. 15).

35. Rawls(1971), Chapter 2 (Sec. 15).

36. Sandel(1982), pp. 122-132.

37. Sandel(1982), p. 132.

38. Juergen Habermas, "Vorwort," in: Michael Sandel, *Plaedoyer gegen die Perfektion*, Berlin University Press, 2008.

09 센의 정의론

1. Amartya Sen, *Development as Freedom*, New York: Knopf Inc., 1999.

2. Sen(1999), p. 52.

3. Sen(1999), p. 63.

4. Sen(1999), Chapter 3 (Sec. 7).

5. Sen(1999), p. 95.

6. 공리주의자 벤담은 개인의 효용에서 내용을 구별하지 않았으나 같은 공리주의자인 밀은 효용이라는 개념에 다양한 내용이 담겨 있고, 개인의 만족의 질을 차별화할 필요성을 역설한 바 있다(만족하는 돼지와 불만스러운 인간의 차이).

7. Sen(1999), Chapter 4.

8. Sen(1999), Chapter 6.

9. Sen(2010), Chapter 18.

10. Sen(2010), Chapter 18.

11. Amartya Sen, *The idea of justice*, London: Penguin Books, 2010.

12. Sen(2010), p. ix.

13. Sen(2010), p. xi.

14. Sen(2010), p. 18.

15. Sen(2010), p. 260.

16. Sen(2010), p. 262.

17. Sen(1999), Chapter 3 (Sec. 4).

18. Sen(1999), Chapter 3 (Sec. 7).

10 롤스 정의론에 대한 평가

1. Rawls(1958), n. 3.

2. Rawls(1958), n. 3.

3. 롤스는 보험적 동기도 중요하지만 개인 능력의 우발성에 더 큰 무게를 두고 있다.

4. 재분배로 인한 비효율성이 커지면 경제학자들의 주장이 재분배를 제한하는 쪽으로 몰리게 된다. 이러한 현상이 지난 30년간을 풍미한 경향이었다. 조세가 야기하는 초과 부담에 과민 반응한 것이라고 볼 수 있다. 이 같은 시대적 유행은 이제 서서히 바뀌는 추세이며, 소득의 격차가 지나치게 커서 오히려 경제 효율성을 해치고 있다는 연구가 속속 등장하고 있다. 1980~2010년의 연구 풍조에 익숙한 연구자들에게는 매우 당황스러운 경험일 수도 있다.

5. John Rawls, *A Theory of Justice*, 1971.

6. 앞의 주에서 이미 언급한, 칸트가 말한 정언적 명령의 예에서 알 수 있다.

7. Rawls(1971), Chapter 2 (Sec. 17).

8. Sandel(2009), p. 152.

9. 부처나 쇼펜하우어의 철학이라고 말할 수 있겠다.

10. 알베르 카뮈가 《이방인(Stranger)》에 담은 철학.

11. John Rawls, *A Theory of Justice*, 1971, p. 8.

12. B. S. Frey/A. Stutzer, "Happiness and Economic Policy," in: *Cesifo Dice Report*, 4/2010.

13. Michael J. Sandel, *What's the Right Thing to Do?*, Farrar, Straus and Giroux, 2009.

참고문헌

김유찬, 〈정의로운 조세 체계〉, 국회 재정 혁신 토론회 발표 자료, 2015. 1. 13.

대니얼 카너먼 지음, 이진원 옮김, 《생각에 관한 생각》, 김영사, 2012.

캐스린 페이지 하든 지음, 이동근 옮김, 《유전자 로또》, 에코리브르, 2023.

Ackerman, Bruce, *Social Justice in a Liberal State*, New Haven: Yale University Press, 1980.

Ackerman, Bruce and Anne Alstott, *The Stakeholder Society*, New Haven: Yale University Press, 1999.

Ackerman, Bruce, "Warum Dialog?" in: Bert van den Brink, Willen van Reijen(Hrsg.), *Bürgerschaft, Recht und Demokratie*, Frankfurt, 1995.

Campbell, William F., "Adam Smith's Theory of Justice, Prudence, and Beneficence," in: *American Economic Review*, Vol. 57, No. 2, 1967.

Dworkin, Ronald, *A Matter of Principle*, Cambridge MA, 1985.

Dworkin, Ronald, *Sovereign Virtue. The Theory and Practice of Equality*, Cambridge MA, 2002.

Eucken, Walter, *Grundsaetze der Wirtschaftspolitik*, Mohr Siebeck, 1952.

Edgren, John A., "On the Relevance of John Rawls's Theory of Justice to Welfare Economics," in: *Review of Social Economy*, Vol. LIII, No. 3, Fall 1995.

Eaton, J. and H. S. Rosen, "Labor Supply, Uncertainty, and Efficient Taxation," *JPubE*, 14, 1980.

Frey, B. S. and A. Stutzer, "Happiness and Economic Policy," in: *Cesifo Dice Report*, 4/2010.

Gerhardt, Volker, "Das politische Defizit des Kontraktualismus," in: *Merkur. Deutsche Zeitschrift für europäisches Denken*, H. 714, 62, 2008.

Habermas, Juergen, "Vorwort," in: *Michael Sandel, Plaedoyer gegen die Perfektion*, Berlin University Press, 2008.

Harsanyi, John C., "Cardinal welfare, individualistic ethics, and interpersonal comparisons of utility," in: *Journal of Political Economy*, 63(4), 1955.

Hayek, Friedrich August von, *Die Illusion der sozialen Gerechtigkeit*, Landsberg 1981.

Hayek, Friedrich August von, *Die Verfassung der Freiheit*, Tübingen: Mohr-Siebeck, 1971.

Hobbes, Thomas, *Leviathan*, 9, Auflage, Frankfurt, 1999.

Honneth, Axel, "Gerechtigkeit und kommunikative Freiheit. Überlegungen im Anschluss an Hegel," in: Barbara Merker, Georg Mohr, Michael Quante (Hrsg.), *Subjektivität und Anerkennung*, Paderborn, 2004.

Höffe, Otfried, *Gerechtigkeit, Eine Philosophische Einfuehrung*, Beck, 2. Auflage. München, 2004.

Hume, David, *A Treatise of Human Nature, Original Edition, Printed in Poland by Amazon Fulfillment*, Book III, Part I, Sect. I, 2020.

Kant, Immanuel, *Grundlegung zur Methaphysik der Sitten*, Reclam, 2008.

Kant, Immanuel, *Metaphysische Anfangsgründe der Rechtslehre, Einleitung in die Rechtslehre*, § B (Schlusssatz).

Kersting, Wolfgang, "Vertragstheorie," in: Gosepath/Hinsch/Rössler(Hrsg.), *Handbuch der politischen Philosophie und Sozialphilosophie*, Bd. 2, Berlin: de Gruyter, 2008.

MacIntyre, Alasdair, *After Virtue*, University of Notre Dame Press, 2007.

Mill, John Stuart, *Utilitarianism*, Stuttgart: Reclam, 2006.

Mirrlees, James, *Tax by Design*, 2012.

Locke, John, *Second Treatise of Government and a Letter Concerning Toleration*, Oxford University Press, 2016.

Nozick, Robert, *Anarchy, State and Utopia*, New York, 1974.

Nozick, Robert, *The Examined Life: Philosophical Meditations*, Simon & Schuster, 1989.

Nozick, Robert, *The Nature of Rationality*, Princeton University Press, 1993.

Rawls, John, *A Theory of Justice*, 1971.

Rawls, John, "Justice as Fairness," in: *Reclams Universal-Bibliothek*, Nr. 19586, 3. Aufl., 2020.

Rawls, John, *Political Liberalism*, New York: Columbia university Press, 1993.

Rousseau, Jean-Jacque, *Vom Gesellschaftsvertrag*, Stuttgart: Reclam, 2011.

Russell, Bertrand, *A History of Western Philosophy*, George Allen & Unwin Ltd, 1979.

Sandel, Michael J., *Liberalism and the Limits of Justice*, New York: Cambridge University Press, 1982.

Sandel, Michael J., *What's the Right Thing to Do?*, Farrar, Straus and Giroux, 2009.

Scanlon, Thomas, "Der Kontraktualismus und was wir einander schulden," Interview in: Herlinde Pauer-Studer(Hrsg.), *Konstruktionen praktischer Vernunft*, Frankfurt: Suhrkamp, 2000.

Scanlon, Thomas M., *What We Owe to Each Other*. Cambridge MA: Harvard University Press, 1998.

Sen, Amartya, "Adam Smith and the contemporary world," in: *Erasmus Journal for Philosophy and Economics*, Vol. 3, Issue 1, 2010.

Sen, Amartya, *Development as Freedom*, New York: Knopf Inc., 1999.

Sen, Amartya, *The idea of justice*, London: Penguin Books, 2010.

Sidgwick, Henry, *The Methods of Ethics*, 1874.

Smith, Adam, *The Theory of Moral Sentiments*, Penguin Classics, 2010.

Smith, Adam, *The Wealth of Nations*, Books I-III, Penguin Classics, 1982.

Stiglitz, J. E., *Economics of the Public Sector*, Third Edition, W. W. Norton & Company, 1999.

Trapp, Rainer W., "Utilitarianism Incorporating Justice, A Decentralised Model of Ethical Decision Making," in: *Erkenntnis*, 1990, 32(3).

Walzer, Michael, *Spheres of Justice: A Defense of Pluralism and Equality*, New York: Basic Books 1983.

Wikipedia(독일어 버전), Gerechtigkeitstheorien, 2023.12.01.; Wikipedia, Socrates, 2024.04.02.; Wikipedia, Platon, 2024.04.02.; Wikipedia, Aristoteles, 2024.04.02.; Wikipedia, Epikurs, 2024.04.02.

Zeit Online, Schreck der Oekonomen, 2012.05.20.